# Elaboración de hechizos

*La verdadera guía de hechizos para principiantes*

© Copyright 2023

Todos los derechos reservados. Ninguna parte de este libro puede ser reproducida de ninguna forma sin el permiso escrito del autor. Los revisores pueden citar breves pasajes en las reseñas.

Descargo de responsabilidad: Ninguna parte de esta publicación puede ser reproducida o transmitida de ninguna forma o por ningún medio, mecánico o electrónico, incluyendo fotocopias o grabaciones, o por ningún sistema de almacenamiento y recuperación de información, o transmitida por correo electrónico sin permiso escrito del editor.

Si bien se ha hecho todo lo posible por verificar la información proporcionada en esta publicación, ni el autor ni el editor asumen responsabilidad alguna por los errores, omisiones o interpretaciones contrarias al tema aquí tratado.

Este libro es solo para fines de entretenimiento. Las opiniones expresadas son únicamente las del autor y no deben tomarse como instrucciones u órdenes de expertos. El lector es responsable de sus propias acciones.

La adhesión a todas las leyes y regulaciones aplicables, incluyendo las leyes internacionales, federales, estatales y locales que rigen la concesión de licencias profesionales, las prácticas comerciales, la publicidad y todos los demás aspectos de la realización de negocios en los EE. UU., Canadá, Reino Unido o cualquier otra jurisdicción es responsabilidad exclusiva del comprador o del lector.

Ni el autor ni el editor asumen responsabilidad alguna en nombre del comprador o lector de estos materiales. Cualquier desaire percibido de cualquier individuo u organización es puramente involuntario.

## Su regalo gratuito

¡Gracias por descargar este libro! Si desea aprender más acerca de varios temas de espiritualidad, entonces únase a la comunidad de Mari Silva y obtenga el MP3 de meditación guiada para despertar su tercer ojo. Este MP3 de meditación guiada está diseñado para abrir y fortalecer el tercer ojo para que pueda experimentar un estado superior de conciencia.

https://livetolearn.lpages.co/mari-silva-third-eye-meditation-mp3-spanish/

# Índice

SU REGALO GRATUITO ....................................................................... 5
INTRODUCCIÓN ................................................................................... 1
CAPÍTULO 1: EL ARTE DE LA HECHICERÍA ................................... 3
CAPÍTULO 2: ELEMENTOS Y CORRESPONDENCIAS MÁGICAS ............. 10
CAPÍTULO 3: KIT DE HERRAMIENTAS DEL HECHICERO ...................... 23
CAPÍTULO 4: COMIENZO DEL RITUAL ......................................... 33
CAPÍTULO 5: HECHIZOS DE PROTECCIÓN Y DEFENSA ........................ 41
CAPÍTULO 6: HIERBAS Y PLANTAS MÁGICAS ............................. 49
CAPÍTULO 7: HECHIZOS CON MAGIA DE VELAS ......................... 56
CAPÍTULO 8: HECHIZOS ESTACIONALES PARA SABBATS .................. 65
CAPÍTULO 9: HECHIZOS DE SALUD, RIQUEZA Y ABUNDANCIA .......... 76
CAPÍTULO 10: ENCANTAMIENTOS Y HECHIZOS DE AMOR ................. 86
CONCLUSIÓN ..................................................................................... 93
VEA MÁS LIBROS ESCRITOS POR MARI SILVA ........................... 94
SU REGALO GRATUITO ..................................................................... 95
RECURSOS .......................................................................................... 96

# Introducción

¿Está interesado en ampliar su conocimiento sobre la hechicería? La hechicería es una gran habilidad, considerada un arte antiguo que contribuyó mucho a varias religiones y culturas de todo el mundo. Es la creación correcta de hechizos y magia para usar a su favor.

Si le gusta todo lo relacionado a los hechizos y la magia, este libro puede ayudarlo. Con este material de lectura, tendrá una guía práctica, fácil de seguir y accesible que contiene todo lo que debe saber sobre la elaboración y el lanzamiento de hechizos efectivos. Todos pueden aprender y dominar estos hechizos, también llamados "oraciones de brujas".

La buena noticia es que no tiene que involucrarse en un culto misterioso o prometer servir a un dios o diosa para comenzar a crear hechizos. Tampoco necesita convertirse a ninguna religión. Solo tiene que leer este libro y comprender toda la información incluida.

Los detalles incluidos en este material de lectura son fáciles de entender y de seguir. Incluso aquellos conceptos que pueden resultar complicados se simplifican para garantizar que los lectores puedan comprender su significado. La mayoría de las instrucciones sobre los hechizos son prácticas y fáciles de aplicar.

Después de leer este libro, seguramente tendrá una comprensión mucho más clara sobre hechizos y magia. Sabrá cómo funciona la energía mágica y los secretos de la hechicería. Sabrá cómo aprovechar su poder y redirigirlo con elementos e ingredientes simples.

Sólo asegúrese de tener una mente abierta, paciencia, voluntad, coraje, convicción de sí mismo y deseo genuino. De esta manera podrá seguir su corazón y ser lo suficientemente maduro como para asumir la responsabilidad total de cada paso y acción que emprenda a partir de este libro.

# Capítulo 1: El arte de la hechicería

En primer lugar, la creación de hechizos, también llamada hechicería, es un arte en el mundo de la magia. Es el arte de crear hechizos únicos, ya sea desde cero o combinando diferentes hechizos que ya existen. Si usa hechizos existentes, puede modificarlos o cambiarlos un poco para usarlos con el fin deseado.

Recuerde que aprender el arte de la hechicería requiere mucha paciencia, ya que lleva tiempo dominarlo y poner en práctica sus conocimientos. Es probable que la personalización de sus hechizos produzca más de un efecto, como daños por fuego o hielo.

La magnitud del efecto también será proporcional a la magia específica necesaria para lanzar el hechizo. La magia compuesta también puede tener múltiples efectos.

## Definición de hechizo

En su forma básica, un hechizo se refiere a su intención de realizar un cambio usando energía. Puede manifestarlo de varias maneras. Podría ser a través del baile y el canto o con rituales que requieren la participación de muchas personas durante algunos días.

Hay casos en que los rituales son solo espirituales, practicados principalmente para honrar a una deidad o celebrar una fiesta importante. Los rituales, por lo tanto, no necesariamente requieren la presencia de hechizos. Además, tenga en cuenta que a veces, los hechizos tienen ingredientes materiales. En otros casos, no necesitan nada más que la energía. Sin embargo, cada hechizo tiene componentes básicos similares, independientemente de lo elaborado que sea.

A pesar de ser algo común, no se pueden considerar inherentemente religiosos. Tampoco forman parte necesariamente de una única práctica. De hecho, contrariamente a lo que mucha gente cree, la mayoría de las religiones en todo el mundo usan hechizos, incluso los cristianos. Tomemos el acto de la oración como ejemplo.

Cada vez que ora, establece una intención, eleva su energía y la libera al universo. El proceso también puede implicar convocar a una especie de deidad para recibir ayuda. En la mayoría de los casos, se espera que la deidad realice casi todo el trabajo por usted. En ese sentido, no es sorprendente ver que la oración es un poco diferente de otros tipos y formas activas de hechizos.

El acto de crear y lanzar hechizos no es simplemente contemporáneo. Los hechizos han existido desde tiempos prehistóricos y es una práctica mágica verdaderamente antigua. Además, si bien podemos ver la oración como un acto religioso, el uso de hechizos suele ser secular.

Esto significa que cualquiera puede acceder a los hechizos independientemente de su religión particular. Es normal encontrar brujas que creen en Jesús y Dios, y practican el arte de la hechicería y la brujería.

# El arte de la hechicería y la brujería para principiantes

Como se mencionó anteriormente, la hechicería es un arte que requiere mucho tiempo, paciencia y compromiso. Contrariamente a lo que muchos creen, aprender brujería, magia y el arte de crear hechizos no es fácil. No es una forma rápida de obtener resultados y recompensas. Es más que solo seguir instrucciones.

Por ejemplo, puede ver los hechizos como recetas artísticas. Le permiten seguir un camino. Sin embargo, supongamos que no está familiarizado con los ingredientes y las técnicas. En ese caso, se pueden cometer errores. Si depende de la receta y no comprende bien los ingredientes, es muy probable que haya errores.

La misma premisa es aplicable en la brujería y la hechicería. Como cualquier otra habilidad, implica algo más que seguir simples instrucciones. Usted tiene que entender cada componente y elemento para juzgar si es bueno o tiene fallas. El proceso es más complejo que limitarse a los hechizos escritos por otras personas.

Confiar solamente no es suficiente. Tampoco es suficiente adherirse, seguir las instrucciones y esperar el mejor resultado. Requiere aprender todo sobre el hechizo. Usted tiene que estar familiarizado con los componentes (ingredientes) y las técnicas y herramientas utilizadas en el proceso.

Por lo tanto, la creación y el lanzamiento de hechizos no es solo escribir algunas palabras y expresarlas en voz alta mientras agita una varita o un trozo de madera. Implica mucho trabajo, incluida la recopilación de información y los ingredientes del hechizo. También es necesaria una reflexión profunda. Debería pensar en lo que hace y por qué.

Por ejemplo, debe pensar y reflexionar sobre lo que pide o espera de una determinada piedra o hierba. Al hacer eso, usted será capaz de hacer que su mente se concentre y se enfoque. Además, debe asegurarse de que cada palabra de su hechizo sea concisa y bien pensada. Esto no debe dejar lugar a malas interpretaciones o confusiones.

## El lenguaje de la magia

Cuando se trata de hechizos, asegúrese de comprender realmente el lenguaje de la magia. Tenga en cuenta que las palabras no son solo elementos de la escritura o el habla. También son lo suficientemente poderosas como para fortalecer los efectos de un hechizo o magia. Decir las palabras en voz alta puede incluso transformarlas en vibraciones y frecuencias específicas.

Puede usar las vibraciones y frecuencias correctas para controlar y dirigir la energía. Dado que las vibraciones y frecuencias de las palabras tienen el poder para mantener la energía bajo control, aprender a usar las palabras mágicas correctas debe ser lo primero que debe hacer.

Recuerde que las palabras que usará en magia se pueden expresar de varias formas. Puede decirlas en forma no solo de hechizos, sino también de oraciones, encantamientos y canciones. Las palabras tienen un gran impacto en el mundo en el que vivimos actualmente.

Las palabras pronunciadas con sonido también son útiles para dirigir la energía, es el tipo de energía que puede producir efectos mágicos. Una vez que sepa cómo hacerlo, se dará cuenta de que las palabras tienen el mismo poder que las espadas.

# Palabras comúnmente usadas en magia y hechizos

Como ya sabrá, las palabras juegan un papel importante en el mundo de la creación y elaboración de hechizos. El lenguaje que use en sus hechizos puede modificar su efectividad. Algunas de las palabras tradicionales y poderosas más utilizadas en el mundo de la magia son las siguientes:

### Abracadabra

Esta palabra aparentemente sin sentido ya se ha transmitido a varias generaciones y tiene un poder impresionante. Originalmente, la palabra *abracadabra* ya se consideraba magia. Desde entonces, muchos magos, brujas y hechiceros han utilizado la palabra *abracadabra* como una forma de encanto que les da protección contra todo tipo de maldad, la enfermedad y la mala suerte.

En ese momento, la palabra se escribía varias veces en un pedazo de papiro. La última letra de la palabra tiene que caer en cada línea hasta que el que practicante reduzca la palabra a una sola letra, específicamente a la letra "a", que es la última.

Cuando la palabra "abracadabra" llegó a los ingleses en el siglo XVI, muchos ya no la usaban como un encanto físico. Se convirtió en un conjuro de protección contra el mal. Después de varios siglos, la palabra "abracadabra" comenzó a perder gran parte de su potencia mística. En el siglo XIX, la palabra "abracadabra" se asociaba a los magos.

### Hocus pocus

Podemos asociar la frase *hocus pocus* con el proceso de ejecutar alguna transformación o truco. Esta frase también sufrió una transformación.

Cuando la frase "hocus pocus" llegó al pueblo inglés a principios del siglo XVII, se usaba específicamente para describir a los malabaristas. A fin de siglo XVI, la frase hocus pocus comenzó a utilizarse para referirse al grito de un mago, el juego de manos, o como una referencia a una forma de tontería o engaño.

### Ábrete sésamo

¿Quién no ha oído hablar de la palabra "ábrete sésamo"? Es una línea famosa en películas e ideal para su uso en el mundo de la magia y la hechicería. Antes del siglo XVII, esta frase se usaba como un hechizo de apertura que proporcionaba paso a los magos incluso en puertas cerradas. Esto sucede arrancando las puertas de las bisagras y luego dejándolas quemar en la leña. También puede usar esta poderosa palabra en hechizos modernos, especialmente si tiene la intención de abrir algo positivo, como ciertas oportunidades.

## Hechizos modernos

Cuando se trata de hechicería moderna, es necesario fortalecer su mente. La razón es que la herramienta más vital cuando se trata de crear hechizos ya no es la vela, el caldero o el libro de hechizos: es su mente. Desarrollar una mente más fuerte significa mejorar también la creación de hechizos. Necesita una fuerte aptitud mental para poder hacer lo siguiente:

- Mantener el foco durante un período prolongado
- Pasar voluntariamente de una fase de conciencia a otra
- Mejorar sus habilidades sensoriales y percepciones
- Obtener acceso a los componentes ocultos de su mente subconsciente y consciente con facilidad
- Manipular o controlar su energía: elevar, mantener, liberar o dirigir.

Fortalecer su mente es como fortalecer otros músculos. También puede hacer algunos ejercicios psíquicos diseñados para aumentar sus habilidades mentales. Aparte de eso, puede probar con la meditación, ya que es una excelente manera de entrenar su mente.

Muchas de las herramientas tradicionales para la Wicca tienen una fuerte asociación con la brujería. Varias de estas herramientas eran heredadas de la magia ceremonial. Lo bueno es que suelen funcionar bien. Es la razón por la cual las personas, independientemente de sus caminos, deciden usarlas.

La brujería moderna y la hechicería, por lo tanto, dan a los practicantes, a menudo la gente promedio, la libertad de trabajar en cualquier cosa basada en sus propias preferencias en lugar de usar herramientas tradicionales. Solo debe comprender las herramientas que tiene intención de usar. Trate de experimentar y escoger aquellos que se adapten a su personalidad y necesidades.

En la hechicería moderna, no hay necesidad de obtener un caldero u otra herramienta tradicional. Algunos lo consideran indispensable en el proceso de creación y lanzamiento de hechizos. Aun así, si siente que no necesita uno, puede usar otras herramientas que se ajusten a sus preferencias y estilo personal.

Además, contrariamente a lo que los medios de comunicación describen, la brujería puede ser solo un arte básico. No está destinado exclusivamente a fines malvados, a diferencia de lo que demuestran los medios de comunicación en las películas u otras formas de entretenimiento. De hecho, puede usar hechizos para atraer cosas positivas o para alejar el mal y la energía negativa de su hogar y su vida.

Si tiene una mente disciplinada, puede practicar esta magia sin ninguna herramienta. Aun así, la mayoría de los practicantes modernos sienten que deben usar algunas herramientas para mejorar su enfoque y simbolizar sus deseos. También usan estas herramientas para dibujar, pedir y manipular energías.

Al principio, puede que dependa en gran medida de algunas herramientas. Una vez que domine el arte, ya no necesitará tanto de ellas, especialmente cuando fortalezca su mente. Puede comenzar a confiar en el poder de su mente para hacer hechizos que funcionen.

## La Rede Wicca

Cuando se trata de la práctica ética de la elaboración y el lanzamiento de hechizos, la Rede Wicca tiende a desempeñar un papel vital. Antes de completar cualquier hechizo o ritual, debe comprender completamente la Rede Wicca. Solo consta de ocho palabras poderosas que recuerdan a los practicantes que nunca hagan daño.

*"Si no daña a nadie, haz lo que quieras"*

La Rede Wicca tiene una versión completa, que es más larga, pero gira en torno a ese código de conducta de 8 palabras. La Rede Wicca lo guiará en la práctica del arte de la hechicería. Sabrá cómo actuar con responsabilidad. La Rede es el camino para practicar la magia éticamente.

La misma regla se puede encontrar en las obras de Aleister Crowley. En ellas dice: *"Haz tu voluntad, será toda la ley. El amor es la ley, el amor bajo voluntad".*

Crowley acuñó el término "magick", que es un término real, no un error tipográfico ni ortográfico. La "magick" fue utilizada principalmente por los practicantes telémicos y ceremoniales. Crowley acuñó este término para diferenciar y mostrar lo oculto asociado con la realización de magia.

Los practicantes de magia también lo definen como una ciencia y arte con el objetivo de estimular el cambio mientras se confirma con la voluntad. Incluso abarca actos mundanos de voluntad y magia ritualista.

Crowley también percibía la magia como una técnica para quien tuviera la intención de obtener una comprensión real de sí mismos y actuar en función de su verdadera voluntad. Por lo tanto, sirve como una forma de reconciliar el libre albedrío y el destino. En sus escritos, explicó que es posible desencadenar un cambio en cualquier objeto que sea naturalmente capaz de hacerlo.

En lo que respecta a la Rede Wicca y todas sus otras versiones, incluida la de Crowley, sirven principalmente como una guía. Tenga en cuenta que no se pueden encontrar normas y reglas éticas universales para los paganos modernos y los practicantes de magia. No podemos suponer que todos los paganos se adherirán a las máximas de la Rede Wicca.

Aun así, sería mucho mejor para usted apegarse a ella si no pretende hacer ningún daño al crear y lanzar hechizos. Si quiere practicar, tiene que recordar constantemente su buena intención.

Con su acción consciente, su intención cobrará vida y sabrá que está actuando dentro de la ética. Incluso si está realizando alguna magia, trata a todos con respeto y justicia.

Al realizar magia y crear hechizos basados en la ética, podrá aprovechar al máximo, permitiéndose disfrutar del poder de ser uno con las energías y ritmos de la tierra.

# Capítulo 2: Elementos y correspondencias mágicas

Las correspondencias son sumamente importantes en la elaboración y el lanzamiento de hechizos. Tiene que considerar estas correspondencias cada vez que practique el arte de la hechicería. Tenga en cuenta que los colores, los olores y los símbolos son componentes principales de todas las formas de hechizos, ya que son capaces de estimular sus sentidos mientras establece su intención.

En el mundo de la magia, las correspondencias sirven como representaciones de la relación entre las realidades naturales y mágicas o entre las realidades físicas y psíquicas. No es un concepto nuevo, pero la primera vez que se estableció la terminología relacional fue durante el siglo XVIII. Fue acuñado por Emanuel Swedenborg, un teólogo de ese tiempo, en sus obras, incluyendo "Heaven and Hella and the Arcana Coelestia".

La propuesta de Swedenborg legitimó las nociones y filosofías de las correspondencias que ya se mantenían desde hace mucho tiempo entre las cosas, como el habla y el pensamiento, la acción y la intención, el cuerpo y la mente, y los planos físico y psíquico. Las correspondencias reconocidas entre los planos físico y psíquico de la operación y la existencia se extienden a todos los objetos que se encuentran en el mundo físico.

Por ejemplo, la fuerte correspondencia de la luz con la sabiduría, representando que la sabiduría puede iluminar su mente. En contraste, la luz sirve para iluminar el ojo. El mismo principio se puede aplicar al calor. El calor corresponde fuertemente al amor, ya que el amor puede calentar la mente de la misma manera que el calor calienta el cuerpo.

Con la importancia comprobada de las correspondencias mágicas, es normal ver una tabla que enumere todos los conceptos, objetos y seres percibidos como una fuerte conexión con los seres sobrenaturales. Usted puede encontrar estas tablas de correspondencia en muchos libros modernos que hablan de lo oculto y la magia. Puede utilizarlos como herramientas de referencia. Abordaremos a continuación algunas de las correspondencias que puede encontrar en dichas tablas.

## Correspondencias elementales

Las correspondencias elementales incluyen el fuego, el agua, el aire y la tierra. Son los cuatro elementos clásicos de la magia, junto al espíritu, quintaesencia o éter, que sirve como fuerza vinculante. Un hecho importante acerca de estos elementos/correspondencias elementales es que encarnan los reinos del cosmos.

El pensamiento clásico de los griegos les hizo categorizar las correspondencias elementales en función del contenido de agua y temperatura. Por ejemplo, el aire es primeramente húmedo y secundariamente cálido. Luego está el fuego, que es principalmente cálido y secundariamente seco. El agua, que es principalmente fría, luego secundariamente húmeda; y la tierra, que es principalmente seca y secundariamente fría.

El paganismo moderno también pone mucho énfasis en los cuatro elementos. Cada elemento tiene una fuerte significación y una asociación con las direcciones de la brújula.

Además, tenga en cuenta que en el mundo de la magia, los diferentes elementos sirven como determinantes. Se pueden ver estos elementos representados en el pentagrama, cada uno con varias propiedades que juegan un papel vital en el funcionamiento y la preparación de los rituales.

Los elementos simbolizan los estados, polaridades, niveles de elevación y direcciones, entre otras cosas. Estas correspondencias elementales también comprenden dos polaridades, una activa y otra pasiva. Recuerde que el universo no ve las cosas como buenas o malas. Las leyes y principios gobiernan todo.

Además, en términos de preparación de rituales, el Poder Supremo será quien elija el número específico de elementos que puede usar. Dicho esto, sepa que algunos rituales necesitan un solo elemento, mientras que otros necesitan al menos dos.

Para darle una mejor comprensión sobre las correspondencias elementales, aquí están los elementos y sus representaciones.

## Tierra

El elemento tierra representa estabilidad, sabiduría, seguridad, fuerza, permanencia, abundancia, riqueza, materialismo, paciencia, responsabilidad, verdad, prosperidad y practicidad. Algunos de los símbolos utilizados para referirse a la tierra son rocas, montañas, suelo, árboles y la tierra misma. La tierra también es considerada el más confiable y estable de todos los elementos. Puede sostener la vida y los otros elementos, además, dependen de ella.

- **Dirección**: norte
- **Color**: verde
- **Cualidades**: pesado y pasivo, frío y seco
- **Metal**: mercurio, plomo
- **Signos del zodíaco**: Virgo, Capricornio, Tauro
- **Tipos de magia**: magia de árboles, magia de fertilidad, lanzamiento de runas, prosperidad, tradición herbal, magia de nudos
- **Estación**: invierno
- **Nombre celta**: Tuath
- **Hora del día**: medianoche
- **Símbolo alquímico**: triángulo invertido con línea en el medio
- **Símbolos**: cuevas, campos, gemas, rocas, montañas
- **Criaturas simbólicas**: ciervo, toro, esfinge
- **Plantas**: armeria, amapola roja, granos, hiedra

## Aire

El aire se conecta fuertemente con la mente, la inteligencia y el proceso mental. Este elemento es creativo y puede conducir a la manifestación de sus intenciones mágicas. También tiene una fuerte conexión con la sabiduría, la conciencia superior, la purificación y la adivinación.

Simboliza la inspiración, la comunicación, la claridad, la libertad, las ideas, los sueños y los deseos, y la capacidad de conocer y comprender, entre otras cosas. Algunos rituales relacionados con el aire requieren que arroje objetos al viento, tocar un instrumento de viento, colgar ciertos objetos en lugares altos o árboles, o quemar incienso.

- **Dirección**: este
- **Color**: amarillo
- **Cualidades**: ligero y activo, caliente y húmedo
- **Metal**: mercurio, aluminio, estaño
- **Signos del zodíaco**: Libra, Géminis, Acuario
- **Tipos de magia**: encontrar un objeto perdido o robado, adivinación, visualización, magia de cuatro vientos
- **Estación**: primavera
- **Nombre celta**: Airt
- **Hora del día**: amanecer
- **Símbolo alquímico**: triángulo con línea en el medio
- **Símbolos**: viento, cielo, incienso, nubes
- **Criaturas simbólicas**: halcón, águila, mariposa
- **Plantas**: muérdago, álamo

## Fuego

El elemento fuego también es importante en el mundo de la magia, ya que es un símbolo de cambio, inspiración, energía, fuerza vital, pasión, sexualidad, amor, fe, confianza, liderazgo, espíritu, inocencia y voluntad. Simboliza la autocuración, la renovación, la vulnerabilidad personal y física, la protección y la relación con uno mismo y con los demás.

El elemento fuego también tiene una conexión con la pasión y el cambio. Es espiritual y físico, ya que está vinculado tanto a la divinidad como a la sexualidad. La magia del fuego también se manifiesta a través de la energía primaria.

- **Dirección**: sur
- **Color**: rojo

- **Cualidades**: ligero y activo, caliente y seco
- **Metal**: oro, bronce, acero, hierro
- **Signos del zodíaco**: Aries, Sagitario, Leo
- **Tipos de magia**: curación, tantra, magia de velas
- **Estación**: verano
- **Nombre celta**: Deas
- **Hora del día**: mediodía
- **Símbolo alquímico**: triángulo
- **Símbolos**: fuego, volcanes, estrellas, sol, chimenea, llama de vela
- **Criaturas simbólicas**: dragones que escupen fuego, leones, caballos
- **Plantas**: amapolas rojas, cebollas, ajo, ortiga

**Agua**

El elemento agua representa sentimientos, absorción, purificación, intuición, mente inconsciente/subconsciente, coraje, emociones, sabiduría, autocuración, capacidad psíquica, reflexión, misiones de visión y movimiento eterno. También abarca todos los aspectos emocionales de la feminidad y el amor.

El elemento agua se relaciona fuertemente con la intuición, emociones y mente subconsciente. Dado que es un componente primordial de la vida, el útero simboliza este elemento y lo hace indispensable para la fertilidad. En cuanto a los rituales que puede hacer con la ayuda del elemento agua, algunos ejemplos son el baño ritual, arrojar objetos al agua, rociar, lavar, diluir y elaborar pociones.

- **Dirección**: oeste
- **Color**: azul
- **Cualidades**: pesado y pasivo, frío y húmedo
- **Metal**: plata, cobre
- **Signos del zodíaco**: Escorpio, Cáncer, Piscis
- **Tipos de magia**: magia de espejo, curación, purificación, fertilidad, magia de sueños, adivinación
- **Estación**: otoño

- **Nombre celta:** Iar
- **Hora del día:** crepúsculo
- **Símbolo alquímico:** triángulo invertido
- **Símbolos:** cuerpos de agua, lluvia, cascadas, niebla, olas
- **Criaturas simbólicas:** criaturas acuáticas, serpientes, escorpiones, dragones, delfines
- **Plantas:** plantas de agua, loto, helecho, musgo

**Espíritu**

Por último, se encuentra el elemento espíritu. Es casi idéntico al elemento fuego. Tenga en cuenta que hay momentos en que las entidades espirituales, como los espíritus de la naturaleza, los antepasados y los dioses, se reconocen como elementos espirituales en el ritual. También representa la mayoría de las cosas consideradas espirituales, incluidas las diosas, la omnipresencia, la inmanencia, la trascendencia y el centro del universo.

- **Dirección:** centro
- **Color:** blanco, púrpura, negro, arco iris
- **Cualidades:** ser sin espacio, atemporalidad
- **Metal:** meteorito
- **Estación:** el ciclo en sí
- **Tiempo:** más allá del tiempo, ciclos solares y lunares
- **Símbolos:** espiral, el cosmos
- **Criaturas simbólicas:** esfinge, búho

## Las fases lunares y su importancia

Aparte de las correspondencias elementales mencionadas, debe saber que las fases lunares y la energía solar jugarán un papel crucial en la creación de hechizos y la magia. Todas las brujas y practicantes de brujería saben lo poderosas que son las fases lunares. Han utilizado estas fases lunares por coraje, orientación, éxito y suerte en la elaboración de hechizos.

También utilizan el poder de las fases lunar para aumentar el poder del hechizo. El hecho de que la luna es un cuerpo celestial, que es el más cercano al cielo, también significa que puede influir en gran medida en su vida y los resultados de su hechizo. Si quiere practicar brujería, puede tener en cuenta y aprovechar las fases lunares. Así podrá aumentar el poder de sus hechizos.

A continuación, encontrará una guía con las fases lunares primarias. Cada una de estas fases lunares tiene sus propias energías y poderes especiales.

### Luna nueva (Fase 1)

Considerada la primera fase, la luna nueva sirve como representación de un nuevo comienzo. La luna en la primera fase es apenas visible, ya que el cielo puede parecer negro. Hay casos en que la magia es bastante literal. Cuando la luna está en la fase en la que no es visible, es el momento perfecto para realizar trabajos de sombra. También puedes usar esta fase para reconocer sus lados oscuros o esconderse.

Por ejemplo, usted es consciente de que es un poco manipulador. Aun así, cada vez que alguien lo menciona, siente la necesidad de defenderse o negar ese defecto. En este caso, puede usar la luna nueva para explorar su aspecto de sombra (por ejemplo, su lado manipulador) y buscar formas de trabajar positivamente con él.

Es el momento perfecto para buscar formas saludables de usar esas habilidades, como construir una carrera sin el riesgo de lastimar a otros. También podría usar su lado manipulador para leer a otros y convencer a su compañero de la importancia de comunicarse en lugar de ser el único en control.

El hecho de que la luna nueva represente nuevos comienzos también significa que es el momento perfecto para establecer sus intenciones y objetivos para el próximo ciclo. Esta primera fase debe fomentar los comienzos, como enamorarse. Para emprender un nuevo comienzo, necesita liberarse del pasado.

Deja ir todo lo que sucedió en el pasado, especialmente las cosas negativas. La luna nueva siempre lo respaldará cuando desee despejar el camino de su vida amorosa o eliminar las malas energías en su camino. Esto es algo necesario si desea encontrar a su pareja ideal.

- **Hora de salida y puesta:** amanecer y puesta del sol
- **Tiempo:** desde la primera vez que aparece la luna nueva y tres días y medio después
- **Fiesta pagana:** solsticio de invierno
- **Propósito:** comienzos

- **Ofrenda:** leche y miel
- **Tema:** abundancia
- **Magia:** adivinación, salud, magia deconstructiva y maldiciones, negocios, amor, superación personal, belleza

### Luna creciente (Fase 2)

En esta fase, la luna literalmente se ilumina. Se verá como un orbe fascinante en el cielo. La fase de luna creciente sirve como para priorizar las áreas específicas de su vida en las que ha anhelado enfocarse, como los aspectos personales, incluida la empatía, el autodescubrimiento y el amor. Reflexione sobre las cosas que lo hacen completamente feliz.

Concéntrese en la elaboración de hechizos para su desarrollo personal y mejorar su sentido de felicidad y realización. Además, tenga en cuenta que durante esta fase, la luna creciente tiende a crecer y volverse más brillante. Por lo tanto, es una fase perfecta para realizar magia de crecimiento.

La energía que proporciona la luna creciente también puede servirle para atraer, dibujar, construir y manifestar a su favor. Puede usar estas energías en la elaboración de hechizos para mejorar en áreas de crecimiento espiritual, carrera, finanzas, amor, oportunidades de trabajo, creatividad y positividad.

- **Hora de salida y puesta:** media mañana y atardecer
- **Tiempo:** de tres días y medio a siete días después de que saliera la luna nueva
- **Fiesta pagana:** Imbolc
- **Propósito:** movimiento de las cosas
- **Ofrenda:** velas
- **Tema:** manifestación
- **Magia:** magia animal, hechizos de atracción, amistades, belleza interior, protección, éxito, suerte, riqueza, curación, trabajo psíquico, cambio, emociones

### Luna llena (Fase 3)

Muchos consideran esta tercera fase, la luna llena, como la más fuerte de todas las fases lunares. En astrología, la luna llena sale cuando la luna y el sol están en lados opuestos. Durante esta fase, muchas emociones se elevan, haciendo que todo sea más intenso.

La buena noticia es que puede aprovechar esta intensidad para sus hechizos. Algunos practicantes incluso cargan sus cristales durante esta fase. Simplemente colocan sus cristales en algún lugar expuesto a la luz de la luna llena.

También puede crear agua de luna llena. Todo lo que tiene que hacer es poner un vaso de agua bajo la luz de la luna llena. Coloque debajo del vaso su carta de intención. Deja el agua allí para que la luna llena pueda cargarla. A continuación, puede utilizar el agua de luna como parte de sus hechizos y rituales.

Además, tenga en cuenta que la intensidad de la luna llena puede hacer que se sienta extremadamente pesado en caso de que haya ciertos problemas emocionales que actualmente está evitando o procesando. Dicho esto, honre lo que su cuerpo le dice durante este tiempo. Si siente que le pide descanso, descanse.

- **Hora de salida y puesta:** puesta de sol y amanecer
- **Tiempo:** de catorce a diecisiete días y medio después de que salga la luna nueva
- **Fiesta pagana:** solsticio de verano
- **Propósito:** finalización de proyectos
- **Ofrenda:** flores
- **Tema:** poder
- **Magia:** salud, belleza, adivinación, curación, condición física, trabajo psíquico, romance, destierro, amor, sueños, cambios, protección, motivación, familia, dinero, trabajo psíquico, claridad

### Luna menguante (Fase 4)

La luna menguante es el período en que la luna se oscurece nuevamente. Pasa de la fase de luna llena nuevamente a la luna nueva. En esta cuarta fase, puede realizar un trabajo de destierro. Por ejemplo, podría cortar lazos con un amante del pasado. Sacar a una persona de su vida no es lo único que puede hacer en esta fase.

También puede realizar otros poderosos hechizos de desapego y eliminar sentimientos tóxicos o dañinos hacia alguien. También puede trabajar para desterrar dudas o inseguridades. Es un momento increíble para empoderarse en lugar de querer cambiar la voluntad de los demás.

Puede usarlo para eliminar cualquier cosa negativa de su vida, como un trato injusto en el trabajo o su síndrome del impostor. Deshágase de las negatividades no deseadas, particularmente de aquellas que evitan que disfrute y viva su vida al máximo.

Reflexione sobre las cosas que le impiden alcanzar sus metas. Preste atención a la energía y los obstáculos para liberarse de cualquier cosa que le impida alcanzar sus objetivos.

- **Hora de salida y puesta:** media tarde y media mañana
- **Tiempo:** de tres días y medio a siete días después de que aparezca la luna llena
- **Fiesta pagana:** Lammas
- **Propósito:** destrucción inicial
- **Ofrenda:** arroz o granos
- **Tema:** reevaluación
- **Magia:** adicciones, emociones, destierro, limpieza, divorcio, protección, deshacer maldiciones y ataduras

### Luna oscura (Fase 5)

Por último, está la luna oscura, una fase lunar particularmente poderosa que ocurre antes del próximo ciclo lunar. Los hechizos durante esta fase especial de la luna tienen que estar bien pensados. Esta fase es un momento para trabajar en algo más grande que usted, algo más allá de lo personal. Lidiar con situaciones y preocupaciones más grandes que involucren a más de una persona, como divorcios, muertes o adicción.

Por ejemplo, si tiene malos hábitos de los que quiere deshacerse, esta fase es el mejor momento para comenzar. Puede crear un hechizo diseñado para fortalecer su fuerza de voluntad.

Puede también reflexionar profundamente sobre su pasión y enojo mientras pide fuerza y compasión. Puede realizar hechizos de luna oscura entre diez días y medio a catorce días después de la aparición de la luna llena.

Algunas brujas evitan realizar hechizos durante la luna oscura. Sin embargo, otras personas lo consideran el mejor momento para trabajar. En términos de magia, la luna oscura es ideal para la adivinación. Además de desterrar hábitos no deseados, también puede eliminar energías y relaciones.

Muchas brujas aprovechan la fase de luna oscura para cosas de sus vidas. Algunos también lo usan para limpiar, para llegar preparados a la luna nueva.

## La energía solar y su importancia en la hechicería

Es probable que note que, en muchas tradiciones paganas en la actualidad, ponen más énfasis en el poder, las energías y la magia de la luna. No es el único cuerpo celestial que puede aprovechar para la hechicería.

Aunque a veces no lo tengamos en cuenta, el sol es extremadamente importante en los hechizos, especialmente si lo considera una fuente de magia, mito y leyendas.

Al igual que la luna, el sol también tiene sus propios ciclos. Básicamente, hay dos ciclos para el sol: el día y el año. También llamada la rueda del año, el ciclo anual funciona aumentando la potencia del sol hasta el Litha (cuando alcanza su potencia máxima). Después de eso, el poder del sol disminuye, ya que la rueda va alcanzando el espectro de oscuridad.

Algunos consideran que el ciclo diario del sol es más conveniente. En este ciclo, el poder del sol aumenta hacia el mediodía, cuando alcanza su punto máximo en el cielo. Al bajar hacia el horizonte, el poder del sol disminuye. En cuanto a la puesta de sol, muchos lo consideran un tiempo liminal. Significa que el atardecer es visible entre dos mundos.

## Energía del sol de verano

Cuando llegan los meses de verano, la energía del sol es más eficiente para ciertas categorías de trabajo. Como las intenciones de la luna creciente y las intenciones de la luna menguante. Claro, puede hacer todo tipo de magia en el momento que desee, pero recuerde que su hechizo será más eficiente cuando esté alineado con los tiempos precisos.

En general, el verano crea energía segura y fuerte. La magia para salud, curación y belleza será más efectiva durante este tiempo. También potencia hechizos que promueven el amor y otras relaciones.

Si desea reiniciar un proyecto, puede utilizar el sol de verano como su fuente de energía definitiva. Un hecho importante a recordar es que las energías del sol de verano tienden a cambiar a medida que pasa el tiempo. Con eso, espere que se dividan en función de los signos solares, a saber, Leo, Virgo y Cáncer.

### Cáncer

A partir del 22 de junio y hasta el 23 de julio, las energías de Cáncer pueden estar en su punto álgido. Casa y hogar" son los temas para esta época del año. En otras palabras, su familia, sus relaciones más cercanas y su morada. Este es el momento óptimo para hechizos para sus emociones.

### Leo

El león (de julio a 22 de agosto) abarca la fuerza y el coraje, la creatividad y el espectáculo, la fuerza de voluntad y la fertilidad. Use sus energías sabiamente para alcanzar el éxito.

Fuertemente vinculado a las apariencias físicas, Leo es particularmente útil si busca brillar y para la pérdida de peso. Por último, pero no menos importante, use las energías de Leo para trabajar en el orgullo (el bueno), la generosidad de corazón y la ambición (la buena).

### Virgo

Virgo es el último componente del verano, del 23 de agosto al 22 de septiembre aproximadamente. La energía y el ambiente de este signo hablan de superación personal, organización y servicio. También puede usar las energías de Virgo para analizar algún problema específico.

Por ejemplo, si su objetivo es contribuir a resolver problemas globales, como la pobreza o el hambre, entonces debe considerar hacerlo durante este período específico. Virgo también ayuda en problemas de salud, energías mentales, capacidad de prestar atención a los detalles, responsabilidades y empleo.

## Ciclo diario del sol

Si desea aprovechar el ciclo diario del sol, aprender sobre las siguientes fases que componen el ciclo puede ayudar.

### Amanecer

Muchas personas sienten un nivel más alto de energía al despertarse por la mañana. Es el mejor momento para hacer un trabajo mágico. Tenga en cuenta que el sol de la mañana siempre servirá como una increíble fuente de energía. Puede comenzar su día con un ritual, para sentirse mucho mejor.

Realice sus hechizos al sol de la mañana para deshacerse de las energías negativas a su alrededor. Este es también el mejor momento para combatir las adicciones.

El sol de la mañana ayuda en cuestiones cuyos ciclos comienzan de mañana, como la escuela o los negocios.

### Mediodía

Es la energía del sol después de la hora del almuerzo. Se considera el punto más alto o pico en el cielo, teniendo en cuenta que el nivel de energía del sol está en su punto máximo en este momento del día. Puede usar esta energía para superar las debilidades de las que pretende deshacerse. Puede realizar su hechizo a la hora del almuerzo bajo el sol brillante.

### Atardecer

En cuanto a la puesta de sol, sin duda es un momento especial del día. Los colores en el cielo promueven el enfriamiento del suelo. El suelo comienza a enfriarse a medida que el sol da lugar a la oscuridad y llega una suave brisa. El atardecer siempre será el momento perfecto para la relajación. Aumentará su fuerza de voluntad, serenidad y calma.

También considerado "un tiempo liminal", el atardecer es un tiempo entre mundos, lo que permite que se produzca una magia increíble. Entre el día y la noche, este tiempo liminal es perfecto para adaptarse a los cambios.

# Capítulo 3: Kit de herramientas del hechicero

Como principiante en la elaboración y realización de hechizos, usted debe preguntarse sobre las herramientas de trabajo específicas que necesita para crear sus propios hechizos. Hay varias herramientas que un hechicero puede utilizar. Tenga en cuenta que todas las herramientas especiales recomendadas no son cien por ciento necesarias.

En realidad, las herramientas no son indispensables, ya que la magia se basa en el practicante. Además, la brujería y la hechicería giran en torno a los significados. Esto significa que las herramientas que debe usar tienen un significado e identidad específicos. La conexión es lo que le proporcionará el poder que necesita para la práctica.

Usted debe conocer la importancia de cada ingrediente y herramienta utilizada en la elaboración y realización de hechizos. Así, podrá realizar con éxito rituales mágicos y hechizos para que su vida sea más significativa y espiritual.

Con el tiempo, las herramientas que decida usar para sus hechizos serán importantes para usted. Lo ayudarán a definir su identidad como hechicero y practicante de brujería. También puede utilizar este tipo de herramientas para desarrollar la creación de hechizos.

# Herramientas esenciales para la creación de hechizos

A continuación, verá algunas herramientas útiles para la hechicería.

## Athame

Athame se refiere a una daga o cuchillo que se puede utilizar con fines ritualistas. Convencionalmente es un cuchillo de doble hoja que presenta un mango negro. Sin embargo, nunca debe usarlo para cortar cosas. Debe ser exclusivo para dirigir la energía deseada durante su ritual. Un ejemplo es cuando se comanda y convoca a espíritus y elementales.

El athame también se clasifica como una herramienta proyectiva que simboliza el aire. Debe ponerlo en su altar, específicamente en el lado este.

Al escoger su athame, puede personalizarlo con un símbolo significativo. Asegúrese de elegir un símbolo que lo represente o que tenga un significado para usted. Por ejemplo, puede dibujarle un pentagrama o inscribir su nombre. Puede poner cualquier símbolo en el athame, siempre que realmente tenga un significado especial para usted.

## Campana

Otra herramienta e instrumento útil que puede usar para realizar hechizos es la campana. Es un instrumento musical espiritual que puede tocar para evocar energías positivas, indicando el comienzo o el final de varias partes de sus rituales, o invocando deidades o espíritus. El sonido producido por la campana es sagrado, por lo que solo será útil al entrar en el estado mental del ritual.

También hay personas que usan tambores o cuencos tibetanos en lugar de campanas. Una razón detrás del uso de tales instrumentos es que ayuda a crear una acción diferente de sus acciones diarias.

## Escoba

Si bien hay leyendas sobre brujas voladoras montadas en sus escobas, la que usamos para elaborar hechizos y rituales es un instrumento mágico incomprendido. Contrariamente a lo que otros creen (que es un mal instrumento utilizado por las brujas), el propósito principal de la escoba es simplemente limpiar.

Tenga en cuenta, sin embargo, que no se puede utilizar para la limpieza material. Lo que va a limpiar es la energía. Funciona en la purificación de su entorno sagrado antes de la apertura real del círculo.

Debido a sus propósitos purificadores y de limpieza, muchos lo asocian con el elemento agua. También puede usarla en hechizos de amor, así como en hechizos diseñados para mejorar sus poderes psíquicos. Muchos practicantes creen que colgar una escoba detrás de una puerta puede ayudar a proteger la casa contra la negatividad y los hechizos malignos.

Tradicionalmente se usa una escoba real, pero también puede crear la suya. Use madera de fresno para crear el palo, luego ate las ramas de escoba o abedul con la ayuda de un sauce.

### Varita

También puede usar la varita para dirigir energía. La varita es un instrumento de invocación. Simboliza el elemento aire y debe tener alrededor de 15 a 20 pulgadas de largo (de 30 a 40 cm aproximadamente). La varita también se puede hacer con cualquier tipo de madera, incluyendo sauce, roble, melocotón y cerezo.

Algunas están hechas de cristal, metal o piedra. El material utilizado en la creación de la varita dependerá del propósito específico para el que pretenda usarla. Sería mejor usar la varita para sus hechizos y rituales durante la primavera, específicamente al atardecer o al amanecer o a la medianoche o al mediodía todos los miércoles.

### Caldero

El caldero es un símbolo del agua y la diosa. Tradicionalmente, debe estar hecha de hierro y debe medir alrededor de tres pies en su base. Debe tener una abertura más estrecha en comparación con el resto de su cuerpo.

Si su caldero es lo suficientemente pequeño, será un gran instrumento para sus rituales y para preparar infusión de hierbas. El caldero también tiene otro propósito cuando se coloca en su altar. Al realizar rituales de primavera, por ejemplo, puede llenarlo con flores y agua.

El caldero sirve como un contenedor valioso para cada objeto consagrado. También puede usarlo como un recipiente para sus ofrendas.

Durante los rituales de invierna, necesita encender un pequeño fuego dentro del caldero. Solo tenga cuidado cada vez que decida quemar o encender algo en el caldero para garantizar su seguridad.

## Cáliz

El cáliz es una copa con un largo pie. Puede llenar el cáliz con una amplia gama de líquidos cada vez que realice rituales o hechizos. En la mayoría de los casos, el cáliz está destinado a contener agua, elemento que representa, y tiene que estar en el altar todo el tiempo.

Además, el cáliz también es una herramienta que puede usar para verter vino durante los rituales ceremoniales y las ofrendas del Sabbat, así como sangre y otras formas líquidas dependiendo del hechizo exacto que desea elaborar. También es posible usar el cáliz para mezclar sal y agua para crear un círculo protector o para purificar y bendecir.

El cáliz puede estar construido con diferentes materiales, entre los que se encuentran el latón, la plata, la cerámica, la piedra y el vidrio. Puede elegir cualquiera de esos materiales.

Varios grupos en la tradición Wicca usan dos tipos de cálices: uno para limpiar el agua y otro para el vino o cualquier otro líquido. Cuando está en un aquelarre, necesita un cáliz principal para permitir las consagraciones. También debe compartir esta copa con todos los miembros durante la ceremonia.

Algunos wiccanos también adornan los cálices con símbolos o runas con fines decorativos. Otros también pintan el cáliz o le colocan una piedra semipreciosa. La piedra proporcionará energía a cualquier líquido dentro del cáliz.

## Velas

También necesita velas. Muchos practicantes consideran que tienen un papel vital dentro de los rituales. Las velas pueden ayudar a crear un mejor estado mental. El color, la presencia y el aroma de las velas lo pondrán de buen humor.

Lo bueno de elegir las velas perfectas para sus hechizos es que pueden fomentar sentimientos de amor, prosperidad y salud. Almacene velas de diferentes colores en casa. De esa manera, no perderá tiempo buscando la vela apropiada al momento de realizar sus hechizos.

## Altar

El aspecto del altar no importa demasiado. Lo más importante aquí es el material base, que debería ser metal o madera. También es importante que contenga todo lo necesario para el hechizo o ritual.

Una vez que tenga su altar, prepare un paño del color apropiado para el ritual o hechizo que pretende realizar. Luego puede usarlo para cubrir su altar. Además, debe poner los símbolos de los Dioses en su altar.

Por ejemplo, puede poner una vela blanca y negra para simbolizar a la madre y al padre, respectivamente. Otros artículos que puede poner en el altar son la varita, la campana, el caldero, el athame, el incensario y cualquier otro material u ofrenda para el ritual.

### Fíala

La fíala es un recipiente para realizar una libación, para ofrendar una bebida al espíritu, a los muertos queridos o a una deidad en un contexto ritualista. Una cosa a tener en cuenta sobre las libaciones es que difieren según las tradiciones.

Incluso puede clasificar las bebidas alcohólicas, el aceite, el agua, la miel y la leche como libaciones. Una vez dentro del recipiente de libación, puede ofrendar la bebida a los espíritus y deidades apropiados.

### Cuenco de adivinación

Es una estrategia de adivinación que se vuelve cada vez más popular. Es un antiguo arte de adivinación con el objetivo principal de obtener información. También puede obtener información mirando una superficie reflectante o un cristal. Deje que sus ojos se relajen al mirar los objetos.

Deje que su psíquico interior se abra para recibir la información y las visiones que desea. Con la ayuda de herramientas apropiadas, como el cuenco de adivinación, podrá alcanzar el estado mental necesario para entrar en trance, sirviendo como punto focal de visualización. También puede usar otras herramientas, como espejos, piedras preciosas pulidas, agua y bolas de cristal.

### Cuerda/hilo

También puede usar una cuerda o hilo para trabajar con magia de nudos. Junto con la cuerda y el hilo, las cintas y cordones son materiales primordiales en la creación y el realización de la magia de nudos, un proceso que requiere que usted ate o una.

En otras tradiciones, también usan hilo negro para fabricar muñecas. Además, el hilo es un gran material para coser bolsas mojo. Esto le permitirá crear bolsas mojo para llevar como amuleto.

### Carbón para incienso

El carbón es la forma más segura y fácil de quemar incienso. Úselo para limpiar su hogar. Es ideal para usar con incienso, palo santo, salvia blanca y copal. Va a producir mucha ceniza, pero puede descartarla fácilmente.

### Pentáculo

El pentáculo es una estrella de 5 puntas dentro de un círculo que representa la Tierra. Es una herramienta protectora y evocadora para la hechicería y la brujería, diseñada para mantener su lugar protegido y eliminar la negatividad. Puede colgar el pentáculo en su ventana o puertas para protegerse de cualquier energía negativa al realizar un ritual. También es útil para evocar energías positivas. Para aprovechar al máximo el pentáculo, sería mejor bendecirlo y consagrarlo antes de cada uso.

## ¿Cómo limpiar y consagrar las herramientas mágicas?

Antes de usar sus herramientas ritualistas para sus hechizos y rituales, sería mejor personalizarlas, limpiarlas y consagrarlas. El proceso de personalizar, limpiar y consagrar sus herramientas es más significativo si compra sus herramientas ritualistas en lugar crearlas.

El proceso de consagración y limpieza es necesario porque purifica sus herramientas mágicas antes de usarlas para interactuar con lo divino. Además, ayuda a deshacerse de todas las energías negativas dentro de la herramienta. Si no está seguro del origen de la herramienta o del propietario anterior, recomendamos una limpieza.

### Limpieza

La limpieza de herramientas mágicas, como su nombre lo indica, implica limpiarlas y purificarlas. Sin embargo, no hablamos de limpiar el artículo físicamente. Lo que vamos a hacer aquí es limpiarlo espiritualmente, es decir, basado en su nivel de energía actual.

Con la ayuda de la limpieza, puede despojar las herramientas de sus vibraciones anteriores. Tenga en cuenta que todas las actividades por las que pasaron los artículos les adjunta restos de energía. Podría ser de cuando todavía estaban en la tienda o fábrica, en el transporte, en el estante, o de personas que las han manipulado.

Cuando la herramienta llegue a usted, es necesario limpiar todo eso. Es necesario para mantenerlo en sintonía con sus energías u objetivo.

Para limpiar la herramienta/objeto mágico, siga estos sencillos pasos.

- Prepare un incienso de limpieza, por ejemplo salvia. Una vez que tenga este incienso, debe quemarlo y pasar la herramienta a través del humo generado por el incienso.
- Luego, entierre la herramienta por un tiempo. Puede enterrar la herramienta en la tierra o en un tazón con harina de maíz, sal o tierra.
- Prepare agua con sal. Remoje la herramienta. También puede rociar su herramienta mágica con el agua salada.
- Sostenga la herramienta durante un corto período de tiempo bajo el agua corriente. Agite la herramienta sobre la llama de una vela, luego colóquela en el fuego.
- Use una escoba bendita (besom) para barrer todas las energías negativas.

Sea cauteloso y práctico con los pasos. Tenga mucho cuidado y asegúrese de que lo que está haciendo se ajuste perfectamente al material que está limpiando y manipulando. Por ejemplo, si su herramienta mágica está hecha de metal, evite sumergirla en agua salada durante la noche; de lo contrario, corre el riesgo de oxidarla. Tampoco ponga cosas inflamables cerca del fuego.

Use su sentido común a la hora de hacer la limpieza. Trate de hacer el proceso antes de usar las herramientas para rituales y otros propósitos espirituales o para limpiar herramientas ya existentes, como cristales, herramientas de altar y joyas, especialmente si las está usando mucho. La limpieza también es necesaria para las herramientas mágicas y de hechiceros que no se usan durante mucho tiempo.

**Consagración**

Después de la limpieza, debes consagrar sus herramientas mágicas. El proceso de consagración es para que sus herramientas mágicas sean sagradas. Lo conseguimos a través de pequeños actos de bendición o ritos. Debemos elevar el propósito de las herramientas mediante la realización del arte de la bendición. Cualquier herramienta sirve para la consagración, incluso artículos de joyería y otras herramientas. Puede hasta consagrar el suelo de su casa.

Sin embargo, tenga en cuenta que una vez que consagre la herramienta, debe comenzar a tratarla en consecuencia, ya que ahora es sagrada. A continuación, se indican algunos pasos que debe seguir al consagrar un artículo.

- Rece una oración a la herramienta mágica. Dedique su uso a los dioses y a su propósito.
- Use aceites limpios, consagrados y cargados para ungir sus herramientas mágicas.
- Consagre la herramienta usando los elementos tierra, agua, fuego y aire: debe pasar la herramienta a través del humo del incienso. Luego desparrame un poco de sal sobre la herramienta y pase la herramienta a través de una llama. Después de eso, rocíela con un poco de agua.
- Aumente la intención de la herramienta para su propósito.

**Carga**

Además de limpiar y consagrar, también debe cargar sus herramientas mágicas. Cuando carga sus herramientas, les otorga la energía adecuada. Esto sirve para alinear sus vibraciones con una cierta intención.

La carga requiere que eleve su propio nivel de energía para dirigirla a sus herramientas mágicas. Puede elegir un método de carga específico dependiendo de las herramientas que está cargando.

Aquí hay algunos métodos efectivos para cargar sus herramientas mágicas.

- Bailar, cantar o meditar: esto debería ayudar a aumentar el poder de la herramienta y luego depositar esa energía mediante una canción, una intención o movimiento específico o enfocado.
- El ritual debe tener como objetivo aumentar la energía y la intención mientras se enfoca en su artículo.
- Visualización: esto ayuda a transmitir la intención y la energía a sus herramientas para que pueda cumplir su propósito.

Tenga en cuenta que puede desarrollar algo que sea solo suyo. Puede hacerlo con su propio sistema de creencias.

## Diseño básico para su altar

El altar es el punto focal de todos sus hechizos y rituales. Cada altar es único, diseñado en función de la personalidad y los hechizos que tenga la intención de crear. Tenga en cuenta que el altar puede llegar a ser muy dinámico. Puede adaptarse todo el tiempo. Esto es lo que hace que el altar permanezca vivo y mantenga el flujo de energía.

Por lo tanto, el diseño del altar, aunque tiene componentes básicos, dependerá de cada practicante. Tenga en cuenta que su propósito principal afectará en gran medida todo el diseño, la forma y el tamaño.

Establecer un altar básico es sencillo. A menudo solo requiere una mesa donde pueda colocar las herramientas que pretende usar y los símbolos que representen sus creencias. Una regla importante es sentirse libre de explorar, decorar, redecorar y reorganizar los componentes de su altar. No se olvide de divertirse mientras lo hace.

Antes de poner un artículo en el altar, asegúrese de estudiar primero su significado. Además, reflexione sobre las razones específicas por las que le gusta usar el elemento o herramienta y cómo usarlo de manera efectiva. Evite desordenar su altar. Recuerde que su altar también sirve como su espacio de trabajo, por lo que debe haber suficiente espacio para todas sus herramientas e ingredientes.

Intente vaciarlo cuando no se use. No lo desordene para hacer espacio para sus herramientas. Puede guardarlas en un estante, caja o cajón.

## Decore su altar

Para darle una idea de cómo diseñar y decorar su altar, presentaremos sus componentes más comunes.

### Paño de altar

Independientemente del altar que pretenda crear, debe cubrir la superficie con un paño. Esto servirá como una pieza ornamental que protege la mesa de arañazos, goteos de cera y líquidos. Compre un paño para cubrir su altar. Si hay uno que capte su interés o tenga algún símbolo en él, pregúntese sobre el significado real.

Averigüe si es realmente significativo para usted antes de comprarlo y usarlo en su altar. Si quiere, puede crear su propio paño. Puede cambiar el paño en función del tipo de ritual que pretende hacer. Los cambios pueden depender de la temporada o las vacaciones paganas que está celebrando.

### Símbolos religiosos

Puede poner algunos símbolos religiosos en su altar si se conecta fuertemente con el hinduismo, el budismo, el cristianismo o cualquier otra tradición espiritual. En este caso, puede poner algunas figuras e imágenes que simbolicen sus creencias y le recuerden quién es usted realmente.

¿Es devoto de alguna deidad específica? También puede poner una imagen o estatuilla que simbolice a esa deidad en su altar. Si se considera un Wicca, puede poner un pentagrama en el medio del altar.

**Soporte de vela**

Necesita colocar soportes para velas como parte de la decoración de su altar si desea trabajar con la magia de las velas. Asegúrese de tener al menos uno. Elija uno que sea resistente como para soportar el calor de la vela sin caerse fácilmente. Elija herramientas ecológicas y biodegradables. Entre los mejores materiales para el soporte se encuentran el vidrio, el metal y la cerámica.

**Quemador de incienso**

El quemador también es importante para su altar. Este quemador está disponible en varios estilos y formas. También puede poner un caldero para quemar algunas hierbas para sus hechizos y rituales.

## Creación del altar

Basado en los componentes mencionados, tenga en cuenta que el altar tiene bloques de construcción dependiendo de los cuatro elementos tradicionales. Puede alinearlos con la ayuda de los cuatro puntos cardinales. Por ejemplo, aquí hay un diseño de un altar básico que usan los hechiceros.

- El tazón con arena, planta o tierra se coloca en el extremo norte del altar; esto representa al elemento tierra.
- Incienso: póngalo en el este para simbolizar el elemento aire.
- Carbón o vela: colóquelo en el sur para representar el elemento fuego.
- Tazón o vaso con agua: asegúrese de que esté orientado hacia el este para representar el elemento agua.

Encienda la vela y el incienso cada vez que necesite hacer un hechizo o durante los rituales. Tenga mucho cuidado. Nunca deje velas encendidas sin supervisión. En caso de que necesite ir a algún lugar, apáguelas.

# Capítulo 4: Comienzo del ritual

Ahora, es el momento de comenzar con sus hechizos y rituales. Antes de comenzar, debe recordar la seriedad de estos procesos. Tiene que estar preparado física y mentalmente. Si usted es menor de edad o está luchando con un problema de salud mental, evite los rituales.

Si está completamente seguro de que puede manejar el hechizo y el ritual, debe prepararse. Recuerde que a menos que se prepare de manera adecuada, será imposible para usted lograr el efecto que desea. Debe hacer una preparación meticulosa para asegurarse de que sus rituales y hechizos funcionen como desea.

## Seleccionar la ubicación perfecta para el ritual

Una de las primeras cosas que debe hacer es encontrar la ubicación. El lugar servirá como su espacio mágico para celebrar su ritual, así que seleccione este espacio cuidadosamente. Necesita la ubicación correcta para su ritual, ya que contribuye en gran medida a lograr el resultado deseado.

Elija un espacio que tenga cierta calma. Debe ser un lugar donde no lo molesten de ninguna manera, especialmente cuando está creando sus hechizos. Tenga en cuenta, sin embargo, que debe planificar cualquier interrupción inesperada con antelación, para saber qué hacer en caso de que alguien irrumpa.

La ubicación ideal es al aire libre. Debe estar en un ambiente tranquilo y natural que esté cerca de la tierra. Podría ser en un prado, campo, bosque o cualquier lugar que esté cerca del agua o los árboles.

Sin embargo, tenga en cuenta que no podrá realizar el ritual al aire libre todo el tiempo. El lugar más conveniente sería dentro de su hogar. En ese caso, busque un lugar en su hogar con suficiente calma y tranquilidad. Debe permitirle mantener sus rituales sin ninguna perturbación. Además, necesita tener suficiente espacio para crear el círculo necesario para todos sus rituales.

## Limpieza de espacios mágicos o sagrados

Una vez que haya elegido su espacio ritualista, es hora de limpiarlo. Es necesario limpiar antes de crear cualquier hechizo, ya que ayudará a liberar su espacio de vibraciones y energías negativas. La buena noticia es que hay muchas maneras de hacer la limpieza, discutiremos algunas brevemente a continuación.

### Ritual

Este método de limpieza requiere el uso de sal de roca, cuatro bolsas de tela blanca y sal marina. Mezcle las sales y ponga la mezcla dentro de las bolsas. Coloque cada bolsa en cada rincón de su espacio sagrado para limpiarlo por completo. Al colocar las bolsas, pronuncie este hechizo.

*"Estoy limpiando este espacio sagrado.*

*Estoy comandando cada fuerza y vibración negativa*

*Hacia afuera de este lugar.*

*Que así sea".*

Visualice las energías y vibraciones negativas saliendo de su espacio sagrado o mágico mientras pronuncia cada palabra. También puede sahumar el espacio con salvia.

### Sahumo

Para este método de limpieza específico, necesitará un sahumerio. Los más adecuados son aquellos de hierba dulce, salvia, incienso y cedro. Estos son los pasos.

- Encienda el sahumerio: expóngalo al fuego hasta que se queme y luego sople. Lo importante es que el sahumerio esté echando humo.
- Camine comenzando en el punto este: camine todo el espacio en sentido de las agujas del reloj comenzando desde el este. Su objetivo aquí es sahumar todo el espacio.

- Visualice todas las vibraciones y energías negativas saliendo de su espacio sagrado.

**Barrido**

El simple acto de barrer también es una forma efectiva de limpiar su espacio sagrado. Esto requiere el uso de la escoba o "besom", diseñada específicamente para usos mágicos.

- Barra todo su espacio sagrado: comience por el este y hágalo en sentido de las agujas del reloj.
- Limpie el aire simbólicamente: simplemente levante la escoba lo más alto posible.
- Mientras barre, visualice las vibraciones y energías negativas abandonando su espacio.

## Limpieza personal

Aparte de limpiar su espacio sagrado, también debe limpiarse usted. Elija una sal de baño especial, un baño de hierbas o un jabón para la limpieza previa al ritual. No es necesario tomar el baño de limpieza antes del ritual real si no quiere hacerlo. Hacerlo una noche antes también está bien.

Al prepararse para el baño de limpieza, tenga en cuenta que también se le permite seleccionar los elementos. Puede usar velas durante su limpieza. También puede verter unas gotas de sus aceites esenciales en el agua que va a utilizar para bañarse.

Si tiene cristales, también puede ponerlos alrededor de su bañera. Sin embargo, tenga mucho cuidado al usar cristales alrededor del agua. La razón es que algunos de ellos, como el lapislázuli, la cianita, la malaquita y la selenita, nunca deben exponerse directamente al agua salada o al agua pura. Si desea utilizar cristales para su baño de limpieza, estúdielos primero para garantizar su seguridad.

Puede tomar un baño de agua con flores, sales, tés, vibraciones de cristales, hierbas y cristales o también puede optar por hacer rituales de autolimpieza utilizando otros medios.

- Ritual de sahumo: esto requiere que use el humo que sale de ciertas hierbas para limpiar su aura. Puede usar hierba dulce, cedro, salvia, palo santo y romero.

- Ritual de cristales: necesitará usar una varita con un cristal de alta vibración, como la selenita. Debe pasar la varita sobre su cuerpo para eliminar todas las vibraciones y energías negativas.

- Bendición con agua bendita: este método requiere que rocíe agua bendita sobre su cuerpo. Asegúrese de cubrir cada parte de su cuerpo, desde la cabeza hasta los pies. Aparte del agua bendita real, también puede usar agua de rosas o agua de luna, entre otros.

- Limpieza energética: esto requiere el uso de energías curativas divinas, como el Reiki, para limpiarse.

Otro método, aunque no muy recomendable, ya que implica el uso de fuego, es la limpieza en la hoguera. Es un ritual que requiere atravesar un par de hogueras o saltar sobre una para limpiarse.

## Uso de colores apropiados

Es necesario también escoger los colores apropiados para cada ritual. Tenga en cuenta que la energía de los colores es un aspecto vital en los trabajos. Escoja ropa o cualquier otro adorno dependiendo del tipo de energía que pretenda usar en su espacio sagrado. Eche un vistazo a estos colores para guiarse.

- Negro: diseñado para la transformación y la liberación y el destierro de las energías negativas
- Blanco: comprensión, limpieza, búsqueda de claridad, construcción del orden, crecimiento espiritual
- Naranja: poder y ánimo
- Rojo: rituales de salud y hechizos de amor
- Azul: intensificación de las habilidades psíquicas y rituales de curación
- Verde: buena suerte, prosperidad, hechizos de dinero, hechizos de empleo y rituales de fertilidad
- Amarillo: hechizos de adivinación y comunicación
- Marrón: rituales del hogar, puesta a tierra y equilibrio
- Violeta: equilibrio y adivinación
- Gris: toma de decisiones complejas y anulación de influencias negativas

- Plateado: meditación, liberación de negatividad, desarrollo psíquico
- Rosa: hechizos de romance y amor, magia infantil y despertar espiritual
- Dorado: adivinación, hechizos para la buena fortuna, el éxito y la salud
- Índigo: meditación y sanación espiritual

Además del color de su ropa, también es recomendable usar ropa recién lavada y limpia. Recuerde que puede permanecer en una postura incómoda o prolongada al realizar el ritual, así que elija ropa cómoda.

## Recopilación de materiales adecuados

Otra cosa importante es utilizar los mejores materiales. Tenga en cuenta que puede necesitar varios aceites, hierbas y velas para ejecutar eficazmente el ritual o hechizo. La efectiva del hechizo puede verse afectada si utiliza materiales inapropiados o incorrectos.

Cada ingrediente posee cierto poder y energía que puede aportar a su objetivo. De hecho, los profesionales ya saben sustituir ciertos materiales e ingredientes por otros. Sin embargo, como usted todavía es principiante, no es recomendable hacerlo. Intente conseguir los materiales correctos.

Una vez que haya reunido los materiales necesarios para su hechizo, comience a disponerlos en el orden en que los necesita. Por ejemplo, si usa ciertas velas, puede usar un aceite especial para ungirlas. También puede colocar las velas en una formación específica para irradiar la energía correcta.

Si está usando hierbas, es posible que tenga que quemarlas de una manera específica que ayude a aprovechar todo su potencial. Para herramientas y cristales, puede que necesite limpiarlos y cargarlos. Prepare sus materiales durante la etapa de planificación. Al hacer eso, se asegura de que cada material y herramienta esté listo para el ritual.

## Preparación de su estado mental

Otro aspecto importante durante el ritual es su estado mental. Debe mantenerse en sintonía con el ritual, ya que será usted quien tenga el papel principal en el proceso. Aquí es donde debe recordar que no debe realizar hechizos si está atravesando algún conflicto que afecte su estado mental.

No prosiga si se siente mal o enfermo, si está mentalmente inestable o emocionalmente agitado. Tampoco siga si su intuición le está diciendo que no haga el trabajo en ese momento en particular. Escuche lo que su intuición le está diciendo.

También es posible que desee seguir la técnica de hechiceros y brujas que ayunan antes de realizar el ritual. Lo hacen porque sienten que será una gran ayuda para limpiarse internamente.

Evite beber alcohol o usar cualquier droga o sustancias no deseadas 12 horas antes del ritual. El objetivo aquí es mantener su mente lo más clara posible para llevarla a su pico absoluto de fuerza.

También es recomendable pasar al menos media hora preparándose mentalmente antes del ritual. Observe su interior. Concéntrese en usted y en el ritual que está a punto de realizar. Asegúrese de tener claro lo que quiere.

Aparte de eso, libérese de todas las cosas que lo molestan y obstaculizan. Dese el tipo de purificación interna que necesita. Imagine la disipación de todas sus energías e influencias negativas, incluyendo su ira y estrés.

Luego debe hacer espacio para la llegada de la llama blanca que brilla dentro suyo. Una vez que se sienta tranquilo, relajado y fuerte, entonces está preparado para comenzar.

## Creación de círculo de protección

El círculo del que hablamos con frecuencia se refiere a una barrera que alberga sus rituales y hechizos. Necesita diseñar este círculo para protegerse de las influencias negativas externas. Lo bueno de crear un círculo es que puede hacerlo de muchas maneras: algunas son más formales y otras no tanto.

Tradicionalmente, crear un círculo puede implicar invocar a una diosa o un dios. Sin embargo, supongamos que usted se considera un brujo secular. Lo más probable es que llame a los elementales. También puede desarrollar una pared compuesta de su propia energía. El círculo es extremadamente importante en la brujería, ya que aporta protección.

Recuerde que no existe una sola manera de crear un círculo. Puede utilizar una amplia gama de herramientas para este propósito. Puede usar velas, cristales, flores, ramitas, hierbas y cuerdas. Sin embargo, si todavía es principiante y busca una idea para crear el círculo y usarlo como guía, aquí hay una técnica simple que puede utilizar. Puede adaptarla como mejor le parezca.

- Limpie su espacio sagrado del desorden: asegúrese de que no haya perturbaciones a la hora de crear su círculo de protección.
- Prepare cuatro velas: enciéndalas y luego organícelas en función de las cuatro direcciones cardinales: norte (tierra), sur (fuego), este (aire) y oeste (agua). La disposición de velas debe tener un diámetro de cinco a seis pies (1,52 a 1,82 m).
- Después de preparar todas las herramientas que necesita, comience a enfocarse: el objetivo aquí es llegar a un estado de calma ideal para la meditación. Sabe que está listo cuando ya ha alcanzado un estado superior de paz interior.
- Cuando esté listo, párese frente al este. Cuando esté en esa posición, llame o invoque a los espíritus del aire para que le den orientación y protección. Haga esto para los elementos restantes.
- Una vez que haya terminado con todos los elementos, afirme diciendo: *"He creado el círculo. Bendito sea"*. Utilice este momento específico para comenzar a meditar o hacer magia.
- Al finalizar el ritual, disuelva el círculo: apague las velas y termine todas las prácticas con el corazón lleno de gratitud.

Al crear un círculo de protección, recuerde que no hay pasos correctos e incorrectos. Al igual que con otras prácticas, debe comprometerse a aplicar su creatividad e intuición en la práctica. Asegúrese de hacer lo que cree correcto. Simplemente no se olvide de atenerse a la regla más importante de creación de círculo protector: el manejo de la energía.

## La regla de tres

Una vez que haya creado su círculo, puede hacer sus hechizos o realizar su ritual de forma segura. Cuando llegue el momento de realizar el ritual o trabajo mágico, nunca debe desviarse de la Regla de tres, también llamada la Ley triple o Ley del triple retorno.

Esta es una ley importante en la brujería, ya que intenta impedir que realice hechizos que puedan causar daño a otros. La razón es que al hacerlo, activará el mal karma, que las brujas llaman la Regla de tres.

Esta regla es un principio religioso que muchos wiccanos, ocultistas y neopaganos sostienen. Cualquier energía que libere al mundo, ya sea positiva o negativa, volverá a usted triplicada. Los wiccanos asocian a esta ley con el karma.

Basado en algunas tradiciones, la Regla de tres no es literal. Sin embargo, representa el hecho de que su energía seguirá su camino tantas veces como sea necesario para que aprenda y comprenda todas sus lecciones. Esta es la razón por la que debe tener mucho cuidado al realizar rituales y hechizos propios.

Tiene que estar cien por ciento seguro de no causar daño a nadie, o sufrirá el mal karma.

# Capítulo 5: Hechizos de protección y defensa

No puede evitar el estrés y el peligro todo el tiempo. No importa qué tan cuidadoso sea, siempre habrá casos en los que se sentirá estresado y vulnerable. El problema es que cualquier sensación de estar inseguro o en peligro, ya sea espiritual, física o emocional, puede agotar su energía y hacerlo sentir tenso.

Afortunadamente, ahora puede manejar esa sensación con la ayuda de algunos hechizos de protección. Estos hechizos serán de gran ayuda si quiere mejorar su bienestar emocional o su estabilidad, sin importar cuán estresante o peligroso sea el mundo.

Con la ayuda de estos hechizos de protección, usted puede crear una fuerte defensa y protección contra el daño, el estrés y las malas energías para usted, su familia y sus seres queridos. Los hechizos de protección también pueden ayudarlo a protegerse de personas tóxicas y desagradables, eliminar influencias poco saludables y proteger sus pertenencias.

## Importancia de los hechizos de protección

Para que el hechizo de protección funcione, debe realizarlo con un alto nivel de enfoque e intención. Cada vez que elabore un hechizo, usted debe activar la energía del cambio. Usted será el que dirija la energía con un objetivo específico. Dado que creará hechizos de defensa y protección, concéntrese su intención para ayudar a limpiar y deshacerse de la negatividad.

Los hechizos específicamente diseñados para darle protección también tienen múltiples facetas. Puede usarlos para proteger a alguien o algo de la energía negativa, defenderse de un ataque y proteger a otra persona o a usted mismo de cierto daño o peligro. Este tipo de hechizo también es importante, ya que ayuda a mantener un nivel de defensa general.

Los hechizos de protección también son importantes, ya que pueden hacer que se sientas protegido personal y profesionalmente. Incluso puede usar estos hechizos como protección contra el posible acoso y la intimidación en el lugar de trabajo. Puede usarlos contra cualquier cosa que le genere un daño permanente.

También pueden ser útiles para proteger la integridad de su pareja y mantener su relación fuerte. Puede usar los hechizos para evitar que fuerzas externas interfieran en su relación amorosa.

También pueden proteger su riqueza y salud. Ya no sentirá miedo al activar su escudo de protección a través de los hechizos.

Se sentirá a gusto sabiendo que tiene una defensa contra cualquier cosa y cualquier persona. Los hechizos pueden darle una capa de protección que lo alentará a manejar situaciones graves con confianza.

Lo primero que probablemente deba hacer es limpiar su espacio y las herramientas que desea utilizar. Sea claro en su intención, también. Debe aclarar lo que desea lograr con el hechizo.

Visualice el resultado. Después de eso, puede realizar los pasos para su ritual. Termine este proceso expresando su gratitud.

## Tipos de hechizos de protección

Los hechizos de protección vienen en diferentes formas y tipos. Puede elegir uno basado en el tipo y nivel de defensa que le gustaría recibir.

### Protección de escudo básica

Puede usar este tipo de hechizo de protección cada vez que sienta que necesita un escudo o una defensa. Manténgase enfocado, luego enfoque su energía. Puede enfocarse mejor al hacer siete respiraciones profundas. Imagínese extrayendo la energía de la Tierra hacia su pecho con cada respiración.

Después de eso, visualice la energía expandiéndose a su alrededor y creando una burbuja física que lo rodea. Una burbuja de energía ahora lo rodea por completo. Si lo desea, puede expandir la burbuja más y más y proteger todo su apartamento o casa.

Asegure la visualización. Puede enunciar el hechizo de esta manera:

*"Decreto este escudo de protección;*
*Nada puede dañarme o ponerme en peligro*
*mientras esté rodeado de esta protección mágica".*

**Amuleto de protección**

También puede crear un amuleto de protección. Puede llevar esta magia con usted todo el tiempo. Puede usar una joya que tenga en casa y simplemente otorgarle poder. Una vez encantado, puede usar el amuleto en cualquier momento y en cualquier lugar.

También puede comprar una joya específicamente diseñada para la protección. Limpie las joyas con humo de incienso primero. También puede limpiar con algún otro ritual.

Para usar un amuleto de protección en sus hechizos, debe reunir los siguientes elementos.

- Un incienso: también puede usar un paquete de hierbas para sahumar.
- Encendedor o fósforo
- Una joya

Aquí están los pasos para aprovechar el poder de este amuleto.

- Limpie su espacio. Luego, defina su intención. Sea lo suficientemente claro como para evitar confusiones. Enfoque su energía.
- Use el encendedor o fósforo para encender el incienso o quemar las hierbas. Limpie la joya con el humo, y luego enuncie este hechizo u otro con el mismo significado:

   *"Por el poder que lleva este humo purificador y limpiador*
   *Ahora los limpio de toda energía negativa e indeseada".*

- Sostenga la joya con las manos. Imagine la energía de la tierra fluyendo hacia arriba. Deje que llene su pecho.
- Dirija la energía a la joya, luego diga lo siguiente:

   *"Estoy cargando este artículo*
   *Para que sirva como mi escudo y me proteja del peligro y los daños".*

Luego, el amuleto estará listo para su uso. Llévelo a donde quiera que vaya como protección.

**Hechizo de protección de baño purificador**

Este hechizo de protección es hermoso. Puede usarlo para limpiar no solo su espacio, sino también su espíritu. Puede recurrir a este tipo de hechizo cada vez que necesite algo más de lo habitual. Lo bueno del baño purificador es que puede ayudarlo a relajarse profundamente y hacer que se sienta cómodo.

Este ritual eliminará las energías negativas, para luego protegerse con el escudo protector. Puede usar hierbas y aceites adicionales para potenciar el hechizo. Las cosas que necesita para este hechizo son una taza de sal de Epsom, tres gotas de aceite esencial de sándalo y una cucharadita de romero seco.

- Mezcle los ingredientes mencionados en un tazón pequeño.
- Establezca una intención. Puede ser algo así: *"Estoy completamente relajado, cómodo y protegido".*
- Prepare el baño. Comience a rociar la mezcla de sal de Epsom bajo el agua corriente.
- Visualice la intención mientras se sumerge en la bañera. Continúe en el agua durante el mayor tiempo posible: imagine la energía negativa descendiendo junto con el agua del baño.

Una cosa a tener en cuenta al crear este tipo de protección es que, a diferencia de todas las otras formas de hechizos, debe centrarse específicamente en la intención de protección. Esto le ayudará a obtener mejores resultados.

**Amuletos y talismanes protectores**

Los talismanes y amuletos se construyen con propósitos específicos, por ejemplo, protección. Se llevan con uno mismo o se colocan en un espacio particular.

Una diferencia importante es que un talismán se centra más en los signos y símbolos utilizados para su creación. Puede elegir ciertos símbolos de protección para la pieza.

Por otro lado, el amuleto está diseñado principalmente para sus materiales de elección. Puede elegir los elementos y materiales para sus hechizos y rituales y luego dirigir sus energías positivas al amuleto. Tenga en cuenta que se le permite combinar los enfoques mencionados. Puede referirse al resultado como un talismán, amuleto o simplemente un objeto mágico.

Además de la protección, también puede usar amuletos y talismanes para otros propósitos. Puede crear amuletos para atraer amor, empleo o dinero. También puede hacer que los amuletos lleven sigilos o símbolos que ayuden a atraer seres espirituales específicos. Puede usarlo para protegerse o para otros fines.

Para conocer los símbolos protectores o sigilos que puede incorporar en sus talismanes, presentaremos una lista a continuación.

- Símbolo de Marte: en general, la energía emitida por Marte es protectora, por lo que puede utilizar el símbolo de este planeta como protección. Puede usar esto como un sigilo para protegerse de posibles accidentes y daños, especialmente si viaja con frecuencia.
- Pentagrama: este también es un símbolo protector. Puede usarlo para defenderse de la intrusión espiritual y psíquica.
- Ojos y Hamsa (mano de Fátima): puede usar estos símbolo para obtener protección contra el mal de ojo.
- Cruz: es un símbolo protector contra espíritus malignos. Es ideal si sigue un sistema de creencias alineado.
- Imagen de Jano: protege los espacios, especialmente si lo pone en la puerta de entrada.
- Armas cruzadas: cualquier par de armas cruzado (lanzas, por ejemplo) simbolizan a los guardianes que bloquean el camino contra los problemas.
- Ojo de Horus: este símbolo es útil para protegerse a sí mismo y a su familia del mal.
- Cruz de Brigid: este símbolo es útil para la iluminación de su casa o cualquier otra propiedad.

Tenga en cuenta que puede usar sigilos y runas ligadas para construir sus símbolos de protección. Una vez que tenga un amuleto protector, puede comenzar a llevarlo con usted a cualquier lugar o hacerlo parte de sus rituales y de su altar.

# Creación de círculo de protección

Una de las formas más efectivas y comunes de protegerse es el círculo de protección. Como se mencionó en el capítulo anterior, el círculo es definitivamente uno de los componentes más valiosos dentro de un ritual. Es aún más valioso cuando se utiliza para la protección.

Puede crear un círculo de protección para estar protegido cada vez que realiza un trabajo mágico. Recuerde que necesitará un espacio con un alto nivel de energía. Debe ser un lugar que le permita ejecutar y realizar magia de manera segura sin ser interrumpido.

Lo primero que debe hacer es marcar el círculo. Asegúrese de que encontrar el lugar preciso. Independientemente de si está haciendo el ritual en un altar o en otra parte de su hogar o al aire libre, elija un lugar tranquilo. De esa manera, podrá concentrarse para trabajar en su magia.

Use una cuerda larga para marcar los límites del círculo. Alternativamente, puede poner algunas rocas o velas a lo largo de todos los bordes. También puede usar cristales para proporcionar protección adicional al círculo.

Una vez marcado, puede comenzar a invocar energía pura. Hay varias maneras de hacer esto, seguramente habrá una manera que mejor se adapte a usted y a sus prácticas.

# Círculo básico de protección

Crear este círculo básico de protección es rápido y fácil, ya que no implica el uso de herramientas. Sólo tiene que seguir los siguientes pasos.

- Después de marcar el círculo, párese en el medio. Relájese y practique la respiración profunda. Visualice su coronilla (parte superior de la cabeza) abriéndose como un embudo que recibe luz blanca y divina. Tenga en cuenta que la coronilla siempre estará conectada con su ser superior y lo divino. Abrir y amplificar este canal depende de su voluntad.
- Abra los brazos. Las palmas de las manos deben mirar hacia fuera. A medida que respira, imagine que está bajando luz divina y pura a través de la coronilla. Expulse la luz cada vez que exhale. Puede hacerlo a través de las palmas de las manos. Esto creará un escudo protector a su alrededor.

- Permita que la alta vibración llene todo el espacio que lo rodea. Cuando eso suceda, experimente el zumbido u hormigueo. Puede causarle piel de gallina, o puede tener sensación de liviandad.
- Extienda un brazo. Apunte este brazo al borde del círculo. Gire en sentido de las agujas del reloj tres veces, dibujando mentalmente el círculo con la luz divina. Después de eso, levante ambos brazos sobre su cabeza y diga algo como esto:

*"Invoco la presencia del Dios y de la Diosa;*

*Con su poder y gracia, bendigan este círculo*

*Para mantenerme libre, seguro y protegido dentro de este espacio sagrado.*

*Que así sea".*

Una vez que haya dicho esto, indique que está listo para realizar el ritual o hechizo. Cierre el círculo de manera apropiada al final del ritual. Puede hacer esto sosteniendo su brazo y luego girándolo en sentido antihorario tres veces. Entonces debe sentir cómo la luz se dispersa. No olvide agradecer a los espíritus por estar presentes antes de cerrar el círculo.

## Círculo avanzado de protección

Si prefiere hacer una versión más avanzada del círculo de protección, entonces puede usar esta guía. Necesitarás una brújula y cuatro velas. También puede utilizar una varita o un athame para dirigir la energía. Las velas pueden ser blancas o de color y deben representar cada punto cardinal.

- Norte: verde
- Sur: rojo
- Este: amarillo
- Oeste: azul

Use la brújula, luego coloque cada vela en cada punto cardinal. A medida que coloque y encienda cada vela, diga lo siguiente (asegúrese de cambiar el punto cardinal y el elemento en cada frase).

*"Guardianes del (indique el punto cardinal),*

*Elemento (indique el elemento representado: tierra para el norte, aire para el este, fuego para el sur y agua para el oeste),*

*Invoco su presencia durante este ritual.*
*Por favor, estén conmigo en mi ritual y bendigan este círculo".*

Una vez que haya terminado de encender las velas en todos los puntos cardinales, tome su athame o varita. Debe apuntar esta herramienta mágica al borde del círculo. Gire en el sentido de las agujas del reloj tres veces.

Después, visualice una luz blanca y brillante que penetra su coronilla. Use el athame o la varita para dirigir dicha luz. Debe dirigirla a través de su brazo, la herramienta, y luego hacia fuera. Esto debería ayudar a formar el borde del círculo.

El siguiente paso es situarse en el centro del círculo. Sienta la luz blanca y divina llenando el círculo y sumérjase en ella. Diga lo siguiente:

*"Ángeles guardianes, guías espirituales, dioses y diosas,*
*Invoco su presencia durante este ritual.*
*Bendigan este círculo y ayúdeme a permanecer protegido;*
*Prohíbo que las entidades no deseadas entren a este círculo,*
*Solo los seres divinos y puros pueden entrar en mi espacio sagrado.*
*Ahora decreto este círculo de protección.*
*Que así sea".*

Ahora ya está listo para comenzar si ritual o hechizo. Al finalizar, cierre el círculo con la ayuda de su athame o varita. Simplemente gire esta herramienta en sentido antihorario tres veces, luego sienta y note la dispersión de la luz protectora. No olvide agradecer la presencia de los elementales y los espíritus. Termine este ritual anunciando el cierre del círculo.

# Capítulo 6: Hierbas y plantas mágicas

La magia vegetal es una antigua tradición que se remonta a los tiempos antiguos de los egipcios. Cuando se habla de magia vegetal, hablamos del uso de hierbas y plantas que poseen poderes y energías mágicas para diferentes propósitos: curación, protección, hechizos de amor y empoderamiento.

Cada planta o hierba posee propiedades mágicas, poderes y fortalezas, que puede usar para aumentar el poder de sus hechizos. Puede potenciar sus intenciones, independientemente de su nivel de fuerza como hechicero.

La razón es que las plantas y hierbas contienen muchas propiedades mágicas. La magia vegetal siempre ha sido popular, ya que es muy efectiva y tiene la capacidad de producir resultados rápidos.

## Uso de hierbas y plantas mágicas

No solo las brujas o hechiceros usan el poder de las plantas para la curación. Verá que también se utilizan en medicinas alternativas, como en suplementos alimenticios y productos dietéticos.

Sin embargo, cuando se trata de hechizos, el mejor método es echar algunas hierbas sobre una vela. Al hacer eso, puede aumentar el poder de sus hechizos.

También hay otras maneras de usar plantas y hierbas en su trabajo y rituales. La buena noticia es que la mayoría de estos métodos son fáciles y rápidos de hacer.

- Mézclelas y visualice sus resultados y efectos: este es un procedimiento a la hora de incorporar hierbas a un hechizo. Puede transmitir las propiedades mágicas, los poderes y las energías de las hierbas a su hechizo. Esto puede reforzar el poder de su hechizo.
- Pase velas ungidas sobre las hierbas elegidas: esta técnica sirve para transmitir la energía de las hierbas a las velas ungidas. Las energías y los poderes transmitidos a las velas también se extenderán a su llama y a su hechizo o ritual.
- Queme las hierbas elegidas: se recomienda quemarlas en bloques sobre carbón.
- Ponga las hierbas de su elección en un quemador de incienso de metal. Luego, encienda todo.
- Queme las hierbas resistentes directamente. Por ejemplo, la artemisa, el cedro o la salvia. Estas son hierbas que puede encender directamente con una llama.
- Ponga sobre fuego: este método es necesario para la limpieza. Dicho esto, puede hacer esto en cualquier parte del proceso del hechizo. Podría ser antes, durante o después. Las plantas y hierbas mágicas pueden ayudar a eliminar las energías negativas, preparándolo para encarar el hechizo o ritual. También puede ayudar a deshacerse de las energías negativas traídas por el hechizo.
- Cree pociones: también puede utilizar hierbas y plantas para hacer pociones mágicas. Una vez que tenga estas pociones, puedes usarlas en sus hechizos y rituales.
- Cree tinturas, aceites, bolsas de hierbas e inciensos: tener estos artículos hechos con hierbas y plantas mágicas puede ayudarlo a trabajar en su hechizo o ritual. Con cada hechizo, la energía de los productos aumentará.

Cuando se trata de usar plantas y hierbas mágicas para sus rituales y hechizos, recuerde que hasta una pequeña cantidad ya puede otorgar grandes poderes. Son tan poderosas, que incluso si comienza poco a poco, ya puede obtener buenos resultados. Solo agregue más hierbas de ser necesario. Además, nunca debe ingerir las hierbas o plantas utilizadas para sus hechizos y rituales. Eso puede ponerlo en peligro.

Otra forma de aprovechar las hierbas y plantas mágicas es dejar una pequeña cantidad en diferentes partes del hogar. Esto puede ayudar a deshacerse de las energías negativas que rodean su hogar y ofrecerle protección. También puede traer felicidad y energía pacífica, como también buena salud.

Otra práctica común es llevar una bolsita con hierbas mágicas. Lleve esta bolsita con usted todo el tiempo para disfrutar de sus energías. También recomendamos hacer magia con plantas o recolectar hierbas y plantas mágicas por la noche. Debería ser preferiblemente en luna llena, ya que este es el momento en que son más poderosas.

## Hierbas y plantas para la hechicería

Ahora, vamos a familiarizarnos la gran cantidad de hierbas y plantas que de destacan por tener propiedades curativas y mágicas. Estas pueden ayudar a elevar y mejorar la energía de su ritual y hechizo.

### Acacia

También llamada mimosa, goma arábiga o zarzo. La acacia tiene propiedades mágicas que pueden ofrecer protección contra el "mal de ojo". Úsela para bendecir sus velas, incensarios y otras herramientas. También puedes ungir/bendecir recipientes que contengan sus herramientas mágicas. Además de ayudar en la meditación, puede usarlo en su baño ritual para evitar malos hechizos o alejar los problemas.

### Aloe

Esta fantástica planta es tan poderosa que puede brindarle no solo protección, sino también suerte y fortuna. Colóquelo en el lugar de descanso de sus seres queridos. Le otorgará paz, suerte y protección a quienes vivan bajo su techo.

¿Quiere un nuevo amante en su vida? Queme aloe por la noche (particularmente en luna llena) y podrá atraer un nuevo amante a su vida. Algunos también lo usan para que un examante regrese. Además de sus grandes usos en el campo de la magia y la brujería, esta planta también es capaz de aliviar varios problemas de la piel.

### Hypericum

Esta planta es reconocida por su capacidad de protegernos de diferentes peligros, ya sean ataques psíquicos o hechizos/ataques malvados de fuentes externas. Puede promover un alto nivel de enfoque y claridad mental. Incluso funciona para convertir las energías negativas en positivas. Solo evite consumir las bayas de esta planta porque son tóxicas.

### Angélica

Es una potente protección contra la energía negativa. Al igual que la acacia, desparrámela alrededor de su casa y colóquela en el agua de su bañera. Puede agregarla a su quemador para ayudar con la curación. Al igual que la acacia, es un poderoso tipo de protección contra los embrujos.

### Anís

Similar a la angélica. Lo protege del mal de ojo. Pero espere, aún hay más. Esta maravillosa hierba también ayuda con los problemas de digestión. Después de las comidas, puede beber té de anís para una mejor digestión y ayudar con hinchazón y estreñimiento. Puede incluirlo en sus hechizos, quemarlo e incluso colocarlo en su funda de almohada para ayudar a evitar los malos sueños.

### Albahaca

Esta hierba es un poco diferente. Necesitas más abundancia en términos de dinero. Agregue agua caliente a un puñado de estas poderosas hojas y comience a fregar. ¿Necesita ese trabajo? Desparrame hojas de albahaca alrededor del edificio donde está la oficina en que desea trabajar. O coloque las hojas alrededor de su negocio para atraer capital y atraer el éxito.

Algunos usan albahaca en un collar/amuleto para atraer dinero y prosperidad.

### Bergamota

ISRS natural (antidepresivo). En lugar de medicamentos, consuma esto para mejorar su memoria y su sueño. También se llama "menta naranja".

### Pimienta negra

Queme pimienta negra antes de su limpieza. Debe quemarla para eliminar las energías malas, negativas y tóxicas de su hogar.

También puede llevar granos de pimienta negra a donde vaya. Esto ayuda a desterrar el mal de ojo y cualquier sentimiento de celos. Mezcle la pimienta negra con sal, luego esparza esta mezcla por su casa. Esto debería proteger su propiedad de cualquier energía maligna.

### Trigo sarraceno

El trigo sarraceno es también un gran socio en sus hechizos y encantamientos. Como muchos otros en esta lista, úselo para atraer riquezas. ¿Necesita equilibrar su presupuesto? Ponga un tazón de harina de trigo sarraceno y guisantes secos en algún lugar dentro de su casa. No se olvide de tirarlo una vez que haya alcanzado sus metas.

### Alcaravea

La planta de alcaravea tiene una fuerte conexión con los aspectos positivos de la vida. Úsela para bendecir sus herramientas y proteger su hogar de los espíritus malignos. Algunos incluso ponen esta poderosa hierba debajo de la cuna de su bebé. Use esta planta para atraer buena salud, mayores habilidades mentales, pasión y protección amorosa.

También puede usarla junto con otras hierbas y plantas similares, como las raíces de angélica.

### Potentilla

Muchos consideran que la potentilla es un gran comodín. Sus cinco pétalos son representativos de las cinco partes importantes de la vida: amor, poder, salud, sabiduría y dinero. Por lo tanto, puede usar esta hierba para una gran variedad de propósitos, como limpiar y bendecir su casa para protegerse contra los malos presagios.

También puede crear una infusión de hierbas. Una vez que tenga la infusión, lávese la frente y los brazos con ella nueve veces. Esto debería ayudar a lavar y desterrar los hechizos y maleficios malvados hechos contra usted.

Otra forma de aprovechar el poder de esta hierba es obtener una cáscara de huevo vacía y llenarla con la potentilla. Úselo en su casa como protección contra las fuerzas del mal.

Algunos usan un paño de franela roja para envolverlo y colgarlo en los dormitorios como una forma de protegerse de los espíritus malignos.

### Sangre de dragón

¿Desea desterrar y combatir los malos hábitos o las influencias negativas? Machuque la Sangre de dragón y espolvoree alrededor de su casa para mantenerse protegido.

### Eucalipto

El eucalipto también es una gran hierba mágica, ya que es capaz de atraer vibraciones curativas. También funciona increíblemente bien para curación y protección. Queme el eucalipto para purificar su espacio.

También puede llevarlo con usted en forma de amuleto o paquetito. Hacer esto ayuda a reconciliar sus relaciones.

### Marrubio

¿Qué tal un poco de claridad mental y una mayor creatividad durante su hechizo? El marrubio también tiene propiedades que promueven el equilibrio en su energía personal y es perfecto para limpiar o bendecir su hogar. También se cree que mantenerlo cerca de las puertas aleja a los problemas.

### Gardenia

Al igual que muchas otras hierbas y plantas, la gardenia es ideal para alejar el mal, las discusiones, y para proteger el hogar de fuerzas externas negativas. ¿Necesita un poco de paz? Incorpórelo en sus arreglos florales, inciensos y otras mezclas curativas.

### Ajo

Esta planta popular tiene muchos usos mágicos. Seguramente ha leído historias sobre exorcismos o luchas contra vampiros. Este ingrediente de mal olor (pero muy utilizado en la comida italiana) tiene muchos usos. Sirve como defensa efectiva contra la magia negativa, la envidia y cualquier tipo de oscuridad espiritual.

### Raíz de malvavisco

Incluir esta raíz en sus hechizos y rituales es una gran idea. Quemarla puede promover un mayor nivel de estimulación y protección psíquica. También puede poner una raíz de malvavisco en el altar al realizar un ritual. Esto puede atraer a los buenos espíritus.

### Mirra

La energía vibratoria o espiritual es la base para crear un cambio en su vida. La mirra tiene una fuerte conexión con los vehículos utilizados para alcanzar tales estados elevados y también promueve la alineación. Úselo en incienso, agréguelo a los amuletos o quémelo. Sí, al igual que la historia de Navidad: los Reyes Magos trajeron incienso y mirra como regalos al niño Jesús.

### Membrillero

¿Está buscando amor? ¿Felicidad? ¿Más suerte? ¿Un protector contra el mal? No busque más. Ponga algunas de estas poderosas semillas en una bolsa de franela roja y diga adiós a los ataques físicos y las circunstancias dañinas. Úselo en sus hechizos y encantos para mejorar sus poderes.

### Hierba de San Juan

Puede usar esta hierba como un medio para prevenir la fiebre y los resfriados. También funciona para aquellos que buscan una especie de protección contra la magia negra. Simplemente ponga esta hierba en un frasco y colóquela en una de sus ventanas. También puede quemar la hierba de San Juan en su chimenea para aumentar la protección contra los espíritus malignos, el fuego y los rayos.

Este capítulo cubre solo algunas de las cientos de hierbas y plantas mágicas que puede usar para aumentar el poder y la potencia de sus hechizos. Inclúyalas en sus hechizos y rituales. Disfrutará de sus propiedades curativas y obtendrá los resultados que desea de su hechizo.

# Capítulo 7: Hechizos con magia de velas

Aparte de proporcionar luz, las velas poseen significados místicos. De hecho, las velas se han utilizado como elementos primarios en varias prácticas mágicas y hechizos, incluyendo Wicca y paganos. Varios practicantes de magia también tienen sus perspectivas y conceptos individuales con respecto a las velas.

En general, la magia de velas es una forma simple de crear hechizos. Es simple porque no requiere muchas herramientas ceremoniales o rituales de lujo. Con solo tener una vela, ya puede lanzar un hechizo.

Utilizado en hechizos durante más de 25 000 años, el uso de velas es una forma pura de magia simpática. Estas velas se usan como un medio para representar no solo a las personas, sino también a las cosas, las influencias y las emociones.

Debe enfocar su intención en el resultado deseado. Si tiene la intención de usar velas para representar a otra persona cuando realiza magia simpática, asegúrese de pedir permiso primero.

Casi todos los brujos y practicantes de magia usan velas en su práctica, independientemente de su tradición mágica o sistema de creencias. Sin embargo, no a todo el mundo le gusta usar velas. A medida que continúe practicando hechizos y brujería, se dará cuenta de su uso generalizado con el tiempo.

Las velas representan la vida, y el espíritu que tiende a cobrar vida a través del fuego. Está conectado al elemento fuego. Puede enfocar su intención y energía en la vela encendida, para manifestar su objetivo y convertirlo en realidad.

Para comenzar la magia de velas, continúe leyendo este capítulo y conozca los pasos reales sobre cómo realizar esta forma de brujería.

## Objetivos de magia con vela

Establecer su objetivo es el primer paso. Antes de encender una vela, debe ser plenamente consciente de las razones exactas para realizar dicho ritual. Debes establecer una intención para su ritual o hechizo.

Tenga en cuenta que la magia de velas puede tener una amplia gama de propósitos. Por un lado, puede usarlo para protegerse no solo a sí mismo, sino también a los demás. También sirve como un instrumento para alcanzar su objetivo en la vida y como una ayuda para su meditación. Además, puede realizar magia de velas para que recibir orientación para su vida cotidiana.

Tenga en cuenta, sin embargo, que si solicita algo, no puede esperar que la vela funcione por sí sola. El resultado aún dependerá de usted, de su objetivo o petición y de cómo lo realice. Esto hace que la definición clara de su objetivo sea extremadamente importante. Necesita definir si el trabajo es para usted o para otra persona.

Si desea lanzar un hechizo sobre alguien, asegúrese de pedir permiso. Si no lo hace, entonces estará en riesgo de realizar magia de velas contra la voluntad de otro. Esto puede hacer que rompa una regla importante para los practicantes de brujería.

## Elección de la vela correcta

En la magia de velas, no puede usar cualquier vela. Elija la vela que mejor se adapte a usted y a sus necesidades. Debe ajustarse a la intención o deseo de su hechizo. Debe aprender acerca de los símbolos asociados con cada color de vela. En ausencia de una vela de color, opte por una blanca. Solo asegúrese de que también se ajuste a su objetivo o intención. Puede usar diferentes tipos de velas al lanzar sus hechizos.

Otro recordatorio importante es que el tamaño de la vela tendrá un gran impacto en la duración del ritual. También puede encontrar algunos practicantes que usan velas grabadas, piramidales y de forma cuadrada en sus hechizos y rituales. Sin embargo, tenga en cuenta que, independientemente de la forma y la apariencia externa de la vela, seguirán teniendo el mismo nivel de efectividad, siempre que use la vela correcta.

Además, tienes que cargar las velas con una cierta intención. Para que eso suceda, puede tallar su objetivo o petición en la vela o ungirla para fijar su intención exacta.

## ¿Qué significa cada color de vela?

En relación con la sección anterior, debe conocer los significados individuales de cada color de vela. De esa manera, podrá seleccionar uno que se ajuste a la intención y el objetivo específico que tiene en mente.

Además, para crear hechizos únicos, tiene que hacer asociaciones. Cada color de vela debe conectarse con usted personalmente. Así podrá sacar el máximo provecho a sus hechizos y rituales.

### Vela blanca

Esta vela representa la pureza. Es vital en todos los rituales de fertilidad. Es el color comúnmente más utilizado, ya que las velas blancas pueden mejorar y favorecer cualquier tipo de hechizo siempre que venga con un propósito bueno y positivo. Muchos practicantes se refieren a la vela blanca como la más versátil. Puede usarla para todo tipo de rituales, hechizos y meditación.

### Vela negra

Es un símbolo prominente de protección y poder. Se adapta perfectamente a la magia de protección, particularmente a los hechizos destinados a buscar ayuda de los dioses y de sus seres queridos. El color negro también funciona para fomentar la evolución y el desarrollo de su sabiduría, así como la de los dioses.

### Vela roja

El color rojo, cuando se aplica en la magia de velas, representa la pasión. Dicho esto, es el color principal utilizado por aquellos que desean realizar hechizos de amor. Puede usar la vela roja si quiere celebrar un ritual con el objetivo de encontrar un nuevo amante o traer de vuelta a un ex.

También es útil para hacer pociones de amor. Básicamente, cualquier cosa que gire en torno al amor y el romance puede asociarse con la vela roja. Incluso puede conectarlo con la virilidad y la sexualidad.

**Vela morada**

También puede usar el color púrpura en la magia de velas. La vela morada sirve para invocar energía espiritual. Si desea comunicarse con los espíritus, el otro plano, algún difunto o con los ángeles, entonces necesita encender una vela púrpura en su altar.

**Vela amarilla**

En la magia de velas, el amarillo significa riqueza. Puede relacionar una vela de color amarillo con joyas o dinero. La vela amarilla puede beneficiarlo si tiene relaciones laborales o acuerdos comerciales.

**Vela rosa**

La vela rosa es un símbolo de amor propio. Está fuertemente conectada con la vanidad y el honor, por lo que también se relaciona con el mundo de la feminidad. La vela rosa también tiene como objetivo ayudar en la lucha contra la violencia. Es útil cada vez que necesita crear y lanzar un hechizo diseñado para endulzar y suavizar a una personalidad agresiva y violenta.

**Vela azul**

Si está buscando una vela para usar en ritual de salud, opte por una azul. Puede aumentar significativamente los efectos de sus hechizos de curación y cualquier otro trabajo mágico relacionado a enfermedades y medicina.

**Vela verde**

Es un símbolo del mundo material. Abarca incluso las formas más simples de la naturaleza, así como los seres más complejos. También incluye todas las cosas que viven en un plano similar al de otros seres vivos. Puede usar una vela verde cuando realice magia y hechizos que necesiten energía de esperanza.

**Vela marrón**

La vela marrón representa la tierra. Es un símbolo de magia antigua que tiene una estrecha relación con los campos, las frutas y los cultivos, ya que las personas comprometidas con la agricultura son las que lo realizan. Lo bueno de la vela marrón es que tiende a aumentar su fuerza durante el otoño a medida que caen las primeras hojas.

**Vela naranja**

La vela naranja está destinada a representar el sol. Abarca muchos energías diferentes, incluida la calma y la paz, así como la necesidad de contrarrestar las malas situaciones financieras. Muchos de los que practican magia y brujería también relacionan la vela naranja con la capacidad de asimilar el conocimiento y concentrarse.

## Preparación del altar

Una vez que haya elegido su vela, debe comenzar a preparar el altar. Busque el área más adecuada donde pueda practicar la magia de velas. Tenga en cuenta que no tiene que ser un lugar necesariamente elegante. Usted puede elegir cualquier habitación o área de su casa donde pueda estar solo.

Debe tener suficiente privacidad y paz y, en lo posible, no sufrir interrupciones. Una vez que haya elegido su espacio sagrado, puede crear su altar usando todo lo que necesita para sus rituales o hechizos, incluida la vela adecuada.

## Preparación de velas

Para que su magia de velas funcione y produzca resultados favorables, purifique y consagre las velas antes de usarlas en sus rituales y hechizos. Debe ungirlas para cargarlas con su voluntad y sus intenciones. Este paso en particular en la magia de las velas también ayuda a eliminar la energía residual que proviene de la fuente de su vela.

Tenga en cuenta, sin embargo, que no es un requisito obligatorio. Es una decisión personal. Puede hacerlo si desea potenciar su hechizo.

- Elija un aceite adecuado: este es el primer paso para consagrar la vela que desea utilizar para su hechizo o ritual. Elija un aceite dependiendo del tipo exacto de ritual que desea hacer.
- Use una de sus manos para sostener la vela: moje los dedos medio e índice de la otra mano con el aceite.
- Luego, frote el aceite sobre la vela. No toque la mecha. Puede comenzar desde abajo y subir, o comenzar desde arriba y bajar.
- Mientras frote el aceite sobre la vela, visualice su intención: imagine cómo se manifestará también. Dedique uno o dos minutos a concentrarse en este paso en particular.

Después de eso, contará con una vela consagrada.

# Lanzamiento del hechizo

Las siguientes partes de este capítulo abordarán solo algunos ejemplos de hechizos que usan velas de colores. Ya conoce los significados individuales de los diferentes colores de velas, ahora es hora de aprender sobre algunos hechizos que puede lanzar con los colores mencionados.

### Vela blanca para limpieza de casa y espíritu

Puede lanzar este hechizo para limpiar el aura de alguna persona o para desterrar las energías negativas de su hogar. Para realizar este hechizo, debe preparar palo santo y un sahumerio de salvia, una vela blanca y un cenicero grande o caldero.

- Prepare su altar: puede poner la vela al lado del cenicero o caldero.
- Encienda el palo santo: una vez que comience a arder, colóquelo dentro del cenicero o caldero.
- Encienda la salvia: póngala dentro del cenicero o caldero.
- Mientras el humo se eleva, encienda la vela, luego cante esta oración:

*"Diosa Tierra y Cúpula celestial,*
*Purifiquen mi corazón,*
*Limpien mi casa de toda negatividad".*

- Cante o susurre la oración: usted elije cómo realizar la oración, el objetivo es invocar energías de luz capaces de proteger su hogar.
- Continúe cantando: encienda el palo santo y la salvia nuevamente si es necesario y permita que su humo continúe llenando la habitación.
- Medite: una vez que esté listo, finalmente puede apagar la vela. También puede optar por dejar que la luz de la vela se apague naturalmente, pero nunca la deje desatendida.

### Vela negra para protección contra maldición

La vela negra es tan poderosa que puede usarla para protegerse, incluso contra una maldición u obra de brujería creada por un enemigo. Es en lo que se va a centrar este hechizo. Es un hechizo de protección directo que puede destruir una maldición o magia oscura lanzada sobre usted.

Para que este hechizo funcione, realícelo tres días consecutivos usando tres velas nuevas cada vez. Asegúrese de que sean iguales. Una vez que haya completado los tres días, tire a la basura todos los desechos que utilizó para este hechizo.

Además, si no está seguro del nombre del enemigo, puede usar la palabra "enemigo". Haga el hechizo por la noche durante la luna llena después de las 8 p. m.

Para realizar este hechizo, reúna los siguientes elementos.

- 3 velas negras
- Sal
- Fósforos
- Cuchillo o athame
- Plato desechable
- Pimienta en polvo

Un posible procedimiento es el siguiente.

- Comience este hechizo con una vela negra: si conoce el nombre de su enemigo, escríbalo en la vela. Al escribir, comience en la parte inferior de la vela.
- Coloque la sal en el plato: forme un círculo de sal. Con su cuchillo o athame, corte la vela en la parte inferior. Esto debería permitirle ver una segunda mecha.
- Espolvoree la pimienta sobre toda la vela. Enciéndala mientras dice lo siguiente:

*"La luz de esta vela ofrezco a la luz*

*Para deshacer y hacer retroceder cada brujería, magia oscura, chisme, envidia y maldad hecha contra (indique su nombre) por (indique el nombre de su enemigo) en este momento y lugar exacto.*

*Que así sea".*

- Deje que la vela se queme en el plato desechable hasta que se consuma por completo. Continúe vigilándola para evitar que cause un incendio.

### Hechizo de amor con vela roja

Este es un hechizo de amor con vela roja, para hacer que alguien lo quiera. Puede echárselo a alguien a quien quiera enamorar. Podrá atraer a esa persona a su vida. Para realizar este hechizo de amor, necesita una vela roja, una aguja, un hilo verde, siete monedas y dos hojas grandes para dibujar.

- Tome la vela e inscriba su nombre y apellido. Luego, inscribir el nombre completo de la persona que desea atraer.
- En una de las hojas, dibuje una imagen de usted mismo. Use la otra hoja para dibujar una imagen de su amor.
- Use el hilo verde y la aguja para coser las dos hojas: átelas con un nudo.
- Encienda la vela roja. Cante lo siguiente:

*"Tierra, aire, fuego y agua, escuchen mi oración*
*Llévenme hasta (indique el nombre de la persona) a quien amo y deseo genuinamente*
*Finalizo este ritual sin causar daño a nadie".*

- Busque una grieta en un árbol y ponga las hojas ahí.
- Tome las siete monedas y entiérrelas alrededor del árbol.

### Hechizo de vela púrpura para aliviar la ansiedad

Como su nombre indica, el objetivo de este hechizo es desterrar su ansiedad. También tiene como objetivo mejorar su confianza. La buena noticia es que no necesita muchas cosas para este hechizo. Solo necesita una vela púrpura e intenciones claras.

- Encienda la vela púrpura.
- Tome tres respiraciones profundas: permítase inhalar positividad, calma y paz. Exhale negatividad, estrés y ansiedad.
- Mire la llama emitida por la vela mientras recita esto:

*"Pensamientos ansiosos y mente acelerada,*
*Estoy estableciendo una intención para que todos ustedes se detengan.*
*Las dudas y los sentimientos abundan,*
*Las energías positivas los combaten.*
*Siento orgullo interior y mantengo la cabeza en alto.*

*La ansiedad no puede ganarme al lanzar este hechizo,*
*Puedo alcanzar la claridad mental y la gratitud.*
*Que así sea".*

- Recite esto tantas veces como sea posible. Sólo asegúrese de tomar tres respiraciones profundas cada vez que cante o recite.
- Una vez que haya completado el hechizo, puede optar por apagar la vela o esperar a que se queme por completo. Deseche todos los restos de materiales y exprese gratitud.

Con estos ejemplos, puede entiende mejor cómo realizar magia con velas y obtener resultados favorables.

# Capítulo 8: Hechizos estacionales para sabbats

La palabra "sabbats" se refiere a las fiestas que todas las brujas y otros practicantes de brujería celebran alrededor del mundo. Esos son los días que sirven como pilares de lo que llamamos el círculo de la vida, un ciclo interminable de la naturaleza. Está representado por los sabbats que rodean la rueda del año.

## Rueda del año

El concepto "rueda del año" se refiere a un cierto tipo de calendario dividido en 8 partes o secciones. Tenga en cuenta que los sabbats funcionan dividiendo todo el año en 8 secciones o partes iguales. Son los que marcan el inicio de cada temporada y los puntos medios. Cada sabbat también cae en cualquiera de sus dos categorías principales.

- **Sabbats menores:** también llamados "sabbats del sol", los sabbats menores consisten en Yule, Litha, Mabon y Ostara. Estas son fiestas que representan el comienzo de cada temporada. También son conocidos popularmente como equinoccios y solsticios.

- **Sabbats mayores:** estos consisten en sabbats lunares y festivales de la tierra, e incluyen a Beltane, Imbolc, Samhain y Lammas. Estas celebraciones marcan el punto medio de cada temporada. Cada sabbat cae en un día determinado, lo que los diferencia de los otros cuatro sabbats, que tienden a cambiar según el año.

Los sabbats mencionados se derivaron de las tradiciones paganas en Europa occidental. Básicamente, los sabbats son festividades y celebraciones diseñadas para dar honor y respeto no sólo a los dioses, sino también a la tierra y los seres humanos.

Sin embargo, considere que, contrariamente a las afirmaciones de los wiccanos modernos, no se encuentran evidencias que muestren la presencia de la rueda del año en forma moderna o actual. Sin embargo, hay pruebas claras de que los celtas, que existían hace miles de años, tenían celebraciones para los festivales destacados por la rueda.

La antigua cultura celta también indicaba cómo el tiempo se percibía como cíclico. Esto significa que incluso si las estaciones cambian, nada se pierde, pues todo tiende a retroceder después de un ciclo natural repetitivo. Mientras que el mundo moderno considera el tiempo como algo lineal, muchos reconocen la naturaleza cíclica de la vida.

## Los ocho sabbats

Como se mencionó anteriormente, los sabbats son las ocho celebraciones que los neopaganos y los wiccanos celebran cada año. Estas celebraciones están espaciadas en intervalos pares a lo largo de todo el ciclo anual de la estación de la tierra (rueda del año). En este capítulo, veremos más sobre estos ocho sabbats y cómo puede celebrar cada uno de ellos y realizar hechizos estacionales.

### Yule (del 12 de diciembre al 1 de enero)

A menudo cae el 21 de diciembre. Es decir, Yule ocurre en el solsticio de invierno. Yule tiene la noche más larga y el día más corto de cada año. A pesar de que la larga noche traiga inmensa oscuridad, la mayoría de las brujas lo consideran un momento de felicidad y alegría. La razón es que sirve como punto de partida para la reentrada de luz en el mundo.

Una vez que termina el solsticio de invierno, va terminando también la parte más oscura del año. Esto hará que los días comiencen a ser más largos. En el mito omnipresente de los neopaganos, Yule es también el día del nacimiento del niño divino concebido durante la primavera. Ciertas creencias afirman que Yule es la época exacta del año que representa el renacimiento del dios Sol. El renacimiento está destinado a devolverle la luz.

El Yule es también uno de los momentos más fríos del año, lo que significa que llama más a la reflexión. Yule es un momento de pensamiento y reflexión profunda. Con eso en mente, puede pasar tiempo recordando o meditando sobre el pasado.

También puede honrar a los seres queridos y familiares que han partido. Así, podrá darles un lugar para participar de las festividades, incluso si se han ido del mundo de los vivos.

### ¿Cómo se celebra el Yule?

Si recién está comenzando su viaje hacia la comprensión de Yule, una cosa que puede hacer es quemar el tronco de Yule. Es una tradición que comenzó en la época medieval. Tiene que quemar el tronco para fomentar el regreso del sol.

Busque un tronco en el exterior. Decórelo con hierbas, cuerdas o cualquier otro elemento que pueda quemar para el hechizo. Si no cuenta con un pozo o chimenea, puede usar velas. También puede realizar un ritual al amanecer.

- Busque un lugar al aire libre o dentro de su casa donde pueda ver el sol saliendo.
- Prepare un cáliz que contenga jugo de naranja: este artículo ya debería haber sido bendecido. Una vez que salga el sol, brinde por el regreso del dios.
- Recite cantos, oraciones o encantamientos. Estos cantos y oraciones también pueden ser para fomentar la esperanza para el próximo año nuevo. En caso de que necesite algo para su vida, puede establecer su intención aquí en este ritual. Puede enviar sus oraciones sinceras y genuinas al universo.
- Beba del cáliz. Deje un poco para llevarlo fuera y viértalo sobre la tierra. Servirá como ofrenda al dios.

Aparte de este ritual, también puede hacer hechizos durante este sabbat que giren en torno a la felicidad, la esperanza, la paz, el amor y el fortalecimiento de los lazos.

### Imbolc (del 1 al 2 de febrero)

Imbolc es un sabbat que cae el [2] de febrero. Marca el punto medio del invierno. Imbolc es una palabra que significa "en el vientre". Representa el momento en que las ovejas generalmente quedan preñadas. Ese concepto se entretejió en todo el sabbat como un momento de fertilidad, esperanza y renacimiento.

Las celebraciones durante esta época específica a menudo incluyen crear una rueda solar y luego quemarla, como símbolo de la continuidad de la vida. Este sabbat es también el momento ideal para hacer una limpieza de primavera. Puede usar este momento para deshacerse del desorden y comenzar de nuevo. La energía del Imbolc también habla de la necesidad de rejuvenecer.

Además de limpiar el desorden físico, también aprovechar este momento para limpiar su mente. Proporciona la energía adecuada para liberar lo viejo y fomentar la entrada de lo nuevo. Es un momento muy bueno, ya que proporciona espacio para la llegada de nuevas oportunidades.

### ¿Cómo se celebra el Imbolc?

Una tradición que le permitirá celebrar y honrar este sabbat en particular es dejar algo de comida y bebida durante la víspera de Imbolc. Podría ser pan con mantequilla, semillas, granos o leche.

Puede poner pan con mantequilla en un tazón. Déjelo en el interior para las hadas viajeras y Lady of Greenwood. Asegúrese de deshacerse de todo al día siguiente, ya que no tienen esencia existente en este momento.

También puede realizar un ritual para la luz que regresa. Lo bueno de este ritual es que es simple. Además, todos los miembros de su familia, incluidos los niños, pueden participar.

- Comience pidiendo a todos los participantes de este ritual, incluidos los niños, que apaguen cada luz de su hogar después del anochecer: encienda un velón o cirio.

- Proporcione una pequeña vela, como una vela palito o una vela flotante, para cada participante. Una vez que ya esté oscuro, deje que cada participante encienda la vela, empezando por la más grande.

- Discuta la conexión del Imbolc con el fuego y Brigid, la diosa. También puede hablar sobre el hecho de que la luz de la vela simboliza el calor y la luz de la próxima primavera. Haga esto, especialmente si hay niños.

- Reflexione sobre el significado de la oscuridad. Reflexione sobre la forma en que es un principio y un fin, así como el nacimiento y la muerte de un ciclo. Exprese su gratitud y agradecimiento a la oscuridad mientras invita a la luz.

- Termine el ritual haciendo que cada participante pida un deseo antes de apagar sus propias velas.

Cuando se trata de hechizos, los que son ideales durante el sabbat Imbolc son aquellos para las bendiciones, la fertilidad, la limpieza, los deseos, la protección y la suerte.

### Ostara (del 19 al 21 de marzo)

Ostara es un equinoccio, o sea, es el momento adecuado para alcanzar el equilibrio perfecto entre la oscuridad y la luz. El nombre se deriva de Eostre, una diosa. Este sabbat es también momento de fertilidad. Representa la abundancia y la fertilidad, representados por la liebre y los huevos.

Cuando llega Ostara, la duración del día y la noche se alinean. Es un ciclo que todavía pertenece a la fase de crecimiento. A partir de este punto, los días comenzarán a ser más largos en comparación con las noches.

Además de ser el momento para una nueva vida y para la fertilidad, Ostara también llama a la armonía y el equilibrio. Es el momento ideal para buscar el equilibrio. Trabajar las energías sutiles dentro de uno, trabajar los chakras, los rasgos femeninos y masculinos internos, y los aspectos de luz y sombra, entre otros.

Cuando llegue este sabbat, preste atención a los cambios agrícolas, como el calentamiento repentino del suelo. Vea como las plantas salen a la superficie de manera lenta pero segura.

### ¿Cómo celebrar Ostara?

Una forma de celebrar Ostara es plantar cualquier cosa. Como equinoccio de primavera, es el momento ideal para plantar semillas en su jardín. También se le permite realizar un hechizo de semilla simple usando una planta de interior.

- Escoja una semilla que desee cultivar: durante la selección, piense en una intención concreta, de algo que desee ver crecer en su vida.

- Plante la semilla en una maceta: mantenga su intención en mente mientras lo hace. Si quiere, puede cantar o repetir un mantra.

- Nutra la planta: después de plantarla durante el Ostara, asegúrese de nutrirla proporcionándole suficiente luz solar y agua. Alimente su intención, también. Tome pequeños pasos para alcanzar su objetivo. Espere que su intención también se convierta en una realidad al presenciar el crecimiento de la planta.

También puede lanzar algunos hechizos que sean apropiados para el Ostara. Algunos de los hechizos que son buenos durante este sabbat son aquellos destinados a la fertilidad, encontrar el equilibrio, comenzar de nuevo, nuevos comienzos, motivación y creatividad, renacimiento y renovación, y amor y conexiones.

### Beltane (del 30 de abril al 1 de mayo)

Tiene lugar alrededor del[1] de mayo. Beltane es un sabbat que está a medio camino entre Litha (el solsticio de verano) y Ostara (el equinoccio de primavera). Es el punto medio entre el verano y la primavera. Un hecho importante sobre Beltane es que es un momento alegre que representa la unión y el matrimonio del Dios y la Diosa.

Beltane es también período de fertilidad. Muchos creen que es el momento más fértil y sexualmente cargado del año, como se puede ver en la vegetación floreciente y el comienzo del ciclo de siembra.

### ¿Cómo celebrar Beltane?

Dé un paseo por la naturaleza, luego recoja algunas ramas y flores. Úselos para decorar su altar. Si es posible, use flores de temporada como abedules y espino, que se consideran extremadamente importantes durante esta época del año. También es aconsejable poner algunas cintas y telas verdes en su altar.

Encienda velas verdes y rojas, ya que ambas representan el crecimiento y el amor. También es el momento perfecto para quemar incienso floral o terroso en su espacio sagrado.

El "handfasting" es otra hermosa ceremonia que puede hacer cuando llega el Beltane. Esto involucra a dos personas que tendrán que tomarse de la mano mientras están de pie enfrentadas. Otra persona usa una cinta roja para atar a sus manos.

Lo bueno de esta ceremonia es que representa el compromiso de esas dos personas. Incluso después de quitar la cinta, la ceremonia de sujeción de manos realizada durante Beltane les recordará que todavía tienen el compromiso de permanecer juntos incluso sin las ataduras físicas.

Es normal que las parejas románticas realicen este ritual. También puede hacerlo con amigos, padres e hijos, así como con dos personas dispuestas a mostrar su amor y compromiso el uno con el otro.

## Litha (del 20 al 22 de junio)

Litha es la celebración del día más largo del año en el solsticio de verano. Muchos perciben este sabbat como un día lleno de luz. Es el momento adecuado para disfrutar, ya que notará que el día se alarga. Sin embargo, no olvide que es también una señal de que los próximos días se irán acortando.

Litha es también una conmemoración del día en que el rey Roble devuelve su poder al rey Acebo, su hermano gemelo, con la intención de continuar el ciclo de la naturaleza. La hoguera, que representa lo fuerte que es el sol durante este tiempo, es una parte importante de este sabbat.

Tenga en cuenta que Litha es también un momento de celebración y alegría. Puede ver todos sus logros en los primeros seis meses del año cuando celebra el Litha. Luego puede deleitarse con el calor y la luz ofrecidos por el sol, ya que después de este punto, recibirá el poder de la luna.

### ¿Cómo se celebra Litha?

La mejor manera de celebrar a Litha es crear una hoguera, ya que este sabbat gira en torno al aspecto ardiente del sol. Por lo tanto, puede celebrar la fertilidad creando un fuego rugiente y ardiente en su patio trasero. Si lo desea, puede organizar esta hoguera junto a sus seres queridos.

También puede encender bengalas después del anochecer. No se olvide de realizar ofrendas a sus dioses. Recuerde que al crear una hoguera, debe cumplir ciertas reglas básicas de seguridad. Esto es para evitar lastimar a alguien cuando se celebre este sabbat.

Litha también es el momento adecuado para hacer hechizos asociados con la salud, la felicidad, el amor, las relaciones, la suerte y la protección. Otra forma de aprovechar el Litha es crear su bolsa de energía. Puede hacer una bolsa de este tipo siguiendo los pasos a continuación.

- Recoja algunas hierbas, cristales o cualquier otro objeto relacionado con la vida y la vitalidad.
- Obtenga una pequeña bolsa con cordón y luego coloque los artículos dentro.
- Deje fuera esta bolsa bajo el sol: de esta manera, los objetos absorberán la energía del sol y usted podrá utilizarla en sus

rituales y hechizos más tarde.

Tenga en cuenta que el Litha ofrece la mayor cantidad de energía solar de entre todos los sabbats. Sin embargo, no pretenda que la bolsa contenga esa energía indefinidamente. Asegúrese de recargarla exponiéndolo a la luz solar regularmente.

### Lammas/Lughnasadh (del 1 al 2 de agosto)

Lammas es una celebración de la primera cosecha, que también se conoce como la cosecha de granos. Ocurre durante el apogeo del verano, cuando se pueden ver los campos y los pastizales llenos de cultivos y flores. Muestra que la cosecha se acerca.

Lammas es un gran momento para relajarse mientras reflexiona sobre la abundancia que traerán los meses de otoño. Durante el Lammas usted podrá cosechar lo que ha sembrado los últimos meses.

Este sabbat se centra no sólo en el aspecto de la cosecha temprana, sino también en la celebración de Lugh, un dios celta. Es un festival destinado a recordar y celebrar todo lo que ha colectado y trabajado durante todo el año. Por lo tanto, también se celebra con verdadera gratitud.

Lammas es una oportunidad increíble para crear una lista de todas las cosas que aprendió, logró y experimentó este año. Esto le abrirá los ojos para ver todas las cosas por las que está agradecido.

### ¿Cómo celebrar el Lammas?

La mejor manera de conmemorar este festival especial es tomarse el tiempo para decorar su altar, hogar o espacio sagrado. Decórelo con los colores de la naturaleza y con símbolos de abundancia, que es lo que celebramos durante el Lammas. Entre las decoraciones que puede agregar a su espacio sagrado, altar u hogar están las siguientes opciones:

- Flores de temporada: como girasoles, echinacea, snapdragons y zinnia.
- Recortes de hierbas tomadas de su jardín
- Un tazón con frutas y verduras de temporada
- Velas con tonos rojo, amarillo, naranja y verde: si no tiene velas de color, use velas de cera de abejas natural.
- Cristales como pirita, ojo de tigre, citrino, cornalina y aventurina verde.
- Granos: por ejemplo, gavillas de hojas de maíz y trigo

Prepararse para una fiesta de Lammas también es una excelente manera de celebrar esta temporada. La fiesta debe consistir en todos los ingredientes locales que se le ocurran. Asegúrese de usar granos en su banquete. Esto debería honrar la abundancia de la temporada.

Decore la mesa con flores frescas o cualquiera de los artículos que mencionamos anteriormente. Festeje con sus seres queridos para disfrutar la belleza de la primera cosecha y la abundante naturaleza.

### Mabon (del 21 al 24 de septiembre)

Mabon es la temporada que conmemora la segunda cosecha del año. Básicamente, se trata de la cosecha de frutas y verduras. Es ideal celebrar una gran fiesta durante esta temporada específica para demostrar su gratitud por cada bendición que recibió durante todo el año.

Este es también el sabbat que sirve como el momento perfecto para reflexionar y mirar hacia atrás en los planes y esperanzas que tenía a principios de año. De esta manera, podrá ver su progreso.

Además, Mabon es una estación que mantiene el equilibrio entre la oscuridad y la luz. Esto significa que tanto el día como la noche tienen la misma longitud. Disfrutará de una sensación de armonía y equilibrio a medida que el sol se mueve hacia Libra, un signo simbolizado por las balanzas.

### ¿Cómo se celebra Mabon?

Puede celebrar Mabon a través de la meditación. Para este propósito, puede decorar un altar especial hecho específicamente para meditar en esta temporada. Puede disponer manzanas, gavillas de diferentes granos o calabazas. Incluya también velas amarillas, naranjas claras o marrones.

- Comience por sentarse frente a su altar de meditación. Mire de cerca cada artículo que colocó en el altar. Permítase sacar emociones a la superficie emociones de calma y sentimientos de seguridad.

- Con los ojos cerrados, comience a notar sus patrones de respiración. Inhale durante 4 conteos, luego exhale durante 5 conteos. Haga esto hasta sentir que calma sus pensamientos. No se preocupe si todavía tiene pensamientos dando vueltas en su cabeza. Simplemente continúe volviendo a su foco de atención y centrándose en su respiración.

- Siéntese en esa posición tranquila durante unos 10 a 20 minutos. Sienta la paz y la seguridad que lo infunden en forma de luz brillante y sanadora. Si tiene un mantra, como el de abajo, puede decirlo y repetirlo durante este tiempo.

*"Todo lo que necesito lo poseo.*
*La abundancia de la naturaleza y el universo cuidarán de mí".*

Esta práctica de meditación realizada durante el Mabon lo hará sentir bien y contento con la abundancia que la naturaleza y el universo pueden proporcionarle.

## Samhain (del 31 de octubre al 1 de noviembre)

Samhain es un sabbat que cae en el día[31] de octubre, que es también la fecha real de Halloween. Es en este sabbat donde notarán que el velo que separa los mundos es más delgado. Definitivamente es el momento perfecto para honrar todo lo que ha perdido. Este sabbat también marca la cosecha final del año, que es principalmente una cosecha abundante de bayas y nueces, mientras se prepara para el invierno.

Al celebrar una fiesta para este sabbat, es común establecer un lugar adicional para sus antepasados y seres queridos fallecidos. Es el momento para hablar con ellos, ofrecerles comida y honrar su memoria. El Samhain es el momento para invitarlos a celebrar las festividades.

Samhain también es reconocido como el nuevo año de la mayoría de los practicantes de brujería y brujas. Es la renovación del ciclo de la rueda del año. También es el momento perfecto para la reflexión. Reflexione y libere todo lo que sucedió durante todo el año para prepararse para una nueva temporada.

### ¿Cómo se celebra Samhain?

Para celebrar el Samhain, debe recordar que el propósito principal del festival es recordar a los difuntos. También es una forma de reconocer que cada ser vivo enfrentará la muerte eventualmente. Puede disfrutar de una cena silenciosa mientras honra a los muertos creando un altar específicamente para ellos.

Puede crear un altar especial y llenarlo con fotos de sus seres queridos fallecidos. Agregue sus artículos personales, algunas velas y sus comidas favoritas también.

También puede ofrecer granadas y manzanas. Según los wiccanos, las granadas representan la vida, mientras que las manzanas representan la muerte. Ofrecer cualquiera de estos frutos representará el equilibrio y la armonía entre los dos, que es lo que celebra el Samhain.

Una vez que haya creado el altar, haga lo siguiente:

- Encienda una vela en memoria de su ser querido fallecido. Mientras lo hace, diga su nombre/s en voz alta. Exprese su gratitud y buenos deseos. Agradézcales por formar parte de su linaje y de su vida.
- Siéntese tranquila y silenciosamente. Preste mucha atención a la experiencia y a sus sentimientos.
- Tome nota de cualquier mensaje que reciba mientras realizaba este ritual.

Guiar a los espíritus es también otra manera de celebrar el Samhain. Ponga una vela blanca de 7 días en su ventana. Esto debería ayudar a guiar a los difuntos al mundo espiritual. Encienda la vela y luego diga lo siguiente:

*"Oh, pequeña llama ardiendo tan brillantemente,*
*Sirve como faro durante esta noche.*
*Deja que tu luz brille en el camino de los muertos,*
*Entonces verán el camino.*
*Dirígelos y guíalos al Summerland.*
*Continúa brillando hasta que Pan sostenga sus manos.*
*Deja que tu luz les dé paz*
*Para que puedan dormir y descansar con facilidad".*

Este ritual debe guiar a sus seres queridos fallecidos por el camino correcto, permitiéndoles entrar al mundo espiritual en paz.

# Capítulo 9: Hechizos de salud, riqueza y abundancia

La salud y la riqueza son probablemente algunos de los resultados que usted busca a la hora de lanzar hechizos. Como practicante de brujería, probablemente sea consciente de que necesita mantenerse saludable para continuar aprendiendo y creciendo sabiamente. Si su cuerpo no es saludable, su cuerpo espiritual y su salud mental también se verán afectados. Esto puede desencadenar problemas en varios niveles.

La riqueza y la abundancia también se encuentran entre los objetivos comunes de los creadores de hechizos. También es posible que desee realizar rituales para la riqueza, en especial si actualmente no está satisfecho con su situación financiera. No hay nada más frustrante que gastar mucho tiempo y esfuerzo en su trabajo y luego darse cuenta de que todo su dinero se va en facturas y deudas.

Es hora de hacer algunas mejoras en estas áreas importantes de su vida. En este capítulo, aprenderá algunos de los hechizos más efectivos para mejorar su salud y atraer riqueza y abundancia.

## Preparación de los hechizos

Antes de aprender algunos de los hechizos de salud, riqueza y abundancia más prácticos y efectivos, es importante prepararse para la práctica. Tenga en cuenta que no puede esperar que los hechizos le den los resultados que desea si no está completamente preparado para hacerlo. Esto es aún más importante cuando se hacen hechizos para la riqueza y la abundancia.

Una forma de prepararse es liberar cualquier negatividad que rodea al concepto de dinero y salud. Tiene que desterrar todas las energías negativas que lo rodean y que rodean su conexión con la riqueza y la abundancia.

Tenga en cuenta que sería mucho más fácil para la riqueza y la abundancia llegar a usted si estuviera tranquilo, saludable y centrado, en lugar de ser tóxico, insalubre, estresado y desequilibrado. Esto significa que la riqueza y la abundancia también van de la mano con la salud. También debe ahuyentar la negatividad para mejorar sus hechizos.

Si siente que hay energía negativa a su alrededor en lo que respecta al dinero y la riqueza, identifique su fuente. A continuación, trabaje en la curación de su corazón para ver al dinero y la riqueza de una manera mucho más positiva. Haga un hechizo de protección a su alrededor para deshacerse de todas las influencias negativas. La buena noticia es que estos hechizos de protección no son tan difíciles de hacer.

Una vez que haya hecho eso, se sentirá más feliz y tranquilo. Esto es clave para una mejor salud, riqueza y abundancia. Una vez que se haya liberado de toda la negatividad, ya estará listo para comenzar con los hechizos. Lo siguiente que debe hacer es preparar el espacio.

## ¿Cómo diseñar el altar para sus hechizos de salud y riqueza?

Antes de crear hechizos de salud y riqueza, es crucial contar con el entorno adecuado. En la mayoría de los casos, los hechizos se producen en un altar, que servirá como su espacio de trabajo para todos los hechizos.

Afortunadamente, no es tan difícil crear un altar. Puede hacerlo sólo con una pequeña mesa. Sólo asegúrese de que no va a utilizar esta mesa para otros fines. Puede ser útil que el altar sea portátil. De esa manera, puede ponerlo y sacarlo fácilmente cuando lo necesite o cuando no lo usa.

El altar también debe ser personal. Debe ser un reflejo de sus creencias. Aquí están las cosas que puede hacer para armarlo de manera más efectiva.

- Obtenga un paño que le guste, luego úselo para cubrir la superficie: una vez cubierto, puede comenzar a colocar y organizar elementos en el altar que reflejen o enciendan su fe.

- Ponga símbolos de los cuatro elementos en su altar: alinéelos en base a los puntos cardinales. Por ejemplo, en el norte, coloque un tazón que contenga arena o tierra para representar la tierra. También puede poner un incienso que represente el aire en el este, un pedazo de carbón o vela para el fuego en el sur, y un recipiente con agua en el oeste.
- Velas de la Diosa: además de las velas de la diosa, también puede poner algunas imágenes de su propia tradición. Cree y disponga su altar utilizando los elementos ya mencionados. También puede poner algunas de las herramientas para el hechizo.

El objetivo principal para la creación de su altar es desarrollar una atmósfera diseñada para prepararse mentalmente para el hechizo. Además, tenga en cuenta que cada elemento que coloque en el altar puede ayudar a enfocar y dirigir sus pensamientos. Cuanto mayor sea el nivel de enfoque que mantenga, más fuerte será el hechizo, maximizando aún más sus beneficios.

## Hechizos prácticos de salud

Es el momento de aprender algunos de los hechizos que puede lanzar para mejorar su salud. Lo bueno de estos hechizos de salud es que pueden ayudar a curar su estrés y dolor, así como el de sus seres queridos.

Sin embargo, antes de comenzar con los hechizos, asegúrese de entender completamente cómo hacerlos. Asegúrese de que también está de buen humor, ya que será usted quien organizará el ritual y lanzará el hechizo. Necesita estar en el estado mental más saludable para conseguir atraer y entregar energías positivas.

### Hechizo de salud y curación con hojas de laurel

Si usted está interesado en el uso de hierbas para sus hechizos de salud, entonces debe pensar en las hojas de laurel. Estas hojas tienen un poder mágico que se puede utilizar para una amplia gama de propósitos, incluyendo la curación, la limpieza y la protección. El mejor momento para realizar este hechizo es durante la luna nueva.

**Necesitará:**
- 3 hojas de laurel
- Bolígrafo o lápiz
- Un pedazo de papel

**Instrucciones**
1. Escriba su intención o deseo en el papel durante la luna nueva. Por ejemplo, ya que le gustaría mejorar su salud y sanar, debe escribir su nombre y luego cruzarlo usando su petición de sanación.
2. Visualice su intención o deseo haciéndose realidad.
3. Doble el pedazo de papel en tercios. Ponga las hojas de laurel adentro. Doble hacia su lado, luego visualice su deseo haciéndose realidad.
4. Forme un sobre doblando el papel en tercios nuevamente.
5. Coloque el papel doblado en un lugar oscuro que nadie vea. Si nota que su deseo se hace realidad, quémelo. Esto debe servir como su manera de mostrar gratitud.

**Hechizo de salud durante luna menguante**

Este es un hechizo de salud que puede lanzar para otra persona. Debe hacerlo por la noche durante la luna menguante para maximizar sus efectos.

**Necesitará:**
- 6 hojas de laurel
- 6 velas blancas
- Quemador de incienso
- 1 incienso de pachulí

**Instrucciones**
1. Forme un círculo usando las velas blancas en el suelo.
2. Encienda el incienso en el medio del círculo. Rodéelo con hojas de laurel.
3. Medite. Haga esto hasta sentir una sensación de paz y calma. Susurre este canto, pero asegúrese de que su voz sea clara:

*"Que la salud de (indique el nombre de la persona) aumente y mejore.*

> *Por el poder de 3 por 3, cúrenlo y*
> *Rescátenlo de esa terrible enfermedad".*

4. Medite y visualice la realización de su objetivo: haga esto hasta que el incienso se queme por completo.

Al lanzar este hechizo, también ayuda a enfocar sus pensamientos en la persona que requiere curación. Piense también en sus buenas acciones y cualidades, mientras se enfoca en la paz y el silencio del momento.

### Hechizo para mantener buena salud

Si ya goza de buena salud y quiere permanecer así, entonces puede realizar este hechizo. No es demasiado difícil de hacer, y las cosas que necesita son simples. También puede usar este hechizo cada vez que se sienta desanimado o débil.

### Necesitará:

- 3 velas: use velas blancas, rojas brillantes y azules claras
- 1 cuchillo

### Instrucciones

1. Use el cuchillo para tallar su nombre en cada vela.
2. Una vez hecho esto, forme un triángulo en el piso usando las velas. Encienda las velas una por una.
3. Mientras enciende la vela blanca, diga esto fuerte y claramente,
   > *"Con la luz y el poder de esta vela, estaré protegido de la enfermedad".*
4. Para la vela roja, diga esto,
   > *"Esta vela aumentará y elevará mi fuerza".*
5. Cuando encienda la vela azul, diga lo siguiente:
   > *"Con esta vela, me mantendré en buen estado de salud".*
6. Medite. Una vez que haya encendido todas las velas y dicho todas las declaraciones, debe pasar tiempo meditando. Apague cada vela después de algunos minutos.
7. Deje las velas a un lado para lanzar el mismo hechizo de nuevo la próxima semana o mes.

### Hechizo para la depresión

La depresión es uno de los problemas de salud mental y psicológica más comunes que afectan a muchas personas en la actualidad. Si se siente deprimido y su caso no es tan grave, puede realizar este hechizo para calmarse y reducir su nivel de depresión.

**Necesitará:**

- 1 piña (si es hombre) o raíz de angélica (si es mujer)
- Incienso de romero
- Aceite esencial de salvia
- Bolsa de franela roja
- Vela blanca
- Papel y bolígrafo

**Instrucciones**

1. Haga un amuleto: para realizar este hechizo, debes crear un amuleto, uno que pueda ayudar a combatir la depresión. Para las mujeres, necesitan tallar sus iniciales en la raíz de angélica. Cubra con aceite de salvia. Para los hombres, agregar varias gotas de aceite esencial de salvia a la piña sería suficiente.
2. Dibuje un perro pequeño en el papel: mientras dibuja la figura, diga lo siguiente:

    *"Por el poder y la ayuda de este canino, estaré lleno de buena salud".*
3. Ponga los artículos que ya ha utilizado en la bolsa de franela. Después de eso, encienda la vela y el incienso.
4. Cierre la bolsa, pásela sobre la vela tres veces: imagínese completamente feliz, sonriente y saludable. También puede hacerlo por otra persona. Imagínese a esa persona con esa aura positiva.
5. Si lo hace por otra persona, entréguele la bolsa roja una vez que termine el hechizo. Anímale a que la lleve consigo todo el tiempo.

Después de solo una semana, verá una mejora importante en su estado de ánimo y salud o en el de la otra persona.

## Hechizos de dinero, riqueza y abundancia

Si su objetivo es atraer energía que le dé riqueza y abundancia, puede realizar hechizos específicos. Algunos de los hechizos de riqueza y abundancia que pueden brindarle resultados increíbles se encuentran a continuación.

## Hechizo de dinero

Puede realizar este hechizo básico con velas en cualquier momento. Aun así, sería mejor hacerlo a la misma hora todos los días.

### Necesitará:

- 1 vela verde no quemada, que representa la riqueza y el dinero que tiene la intención de atraer
- 1 vela blanca no quemada, que lo simbolizará a usted
- Su aceite preferido

### Instrucciones

1. Cargue las velas frotándolas con el aceite. Mientras realiza este paso, concéntrese en su objetivo o intención. Visualice el dinero y la riqueza que está a punto de recibir.
2. Ponga las velas consagradas en su altar. Colóquelas con una separación de nueve pulgadas (23 cm aproximadamente) entre ellas. La posición exacta de las velas no interesa. Lo importante es que estén separadas por 9 pulgadas.
3. Encienda las velas y recite las siguientes palabras:

*"Dinero y riqueza, vengan a mí.*
*Vengan a mí en abundancia, tres veces tres.*
*Denme riqueza financiera de la mejor manera posible*
*Sin dañar a nadie y nada en el camino.*
*Acepto con gusto esta abundancia financiera, que así sea".*

4. Mientras recita, mueva la vela blanca más cerca de la verde. Muévala sólo una pulgada (2,5 cm) más cerca.
5. Sople las llamas al finalizar sus palabras.
6. Repita este hechizo de dinero durante 9 días, moviendo la vela una pulgada más cerca cada día. Asegúrese de visualizar constantemente el dinero y la riqueza que desea recibir.
7. El hechizo se completará al llegar el noveno día, el momento en que las dos velas se tocan. Durante el último día del hechizo, deje que las velas se quemen hasta consumirse por completo.

## Hechizo de dinero con vela verde

Este hechizo de dinero con vela verde es uno de los favoritos. Puede usar este hechizo para comenzar a disfrutar de la abundancia financiera.

**Necesitará:**
- Una vela verde
- 6 monedas: las monedas pueden ser de plata, cobre u oro
- Canela
- Bolsa o paño verde
- Su aceite preferido

**Instrucciones**
1. Prepare el altar donde suele realizar sus hechizos. Si quiere, puede meditar un rato antes de comenzar. Meditar incluso por un par de minutos puede ayudarlo a energizarse mentalmente.
2. Usa el aceite para consagrar la vela. Luego, póngala en el altar.
3. Ponga las monedas, también. Forme un círculo con las monedas alrededor de la vela.
4. Mientras coloca las monedas, visualícese recibiendo el dinero. Sienta la gratitud, también.
5. Encienda la vela consagrada, luego recite tres veces lo siguiente:

    *"El dinero fluye, el dinero crece,*
    *Mi dinero brilla,*
    *Ahora soy dueño de este dinero".*

    *Coloque la bolsa o el paño, luego espolvoree canela sobre él.*

    *Envuelva o coloque las monedas dentro. Mientras recoge las monedas, recite las siguientes palabras tres veces:*

    *"Otórguenme dinero tres veces tres.*
    *El dinero viene de mi voluntad.*
    *Que así sea".*

6. En caso de que use un paño, junte ambos extremos. Forme una bolsa con ella atando los extremos. Llévelo todo el tiempo con usted, luego visualícese recibiendo el dinero deseado.

**Hechizo de ayuda financiera**

Este hechizo puede ayudarle en aquellos momentos de gran necesidad.

**Necesitará:**
- 2 velas verdes
- 1 vela dorada
- Contenedor ignífugo
- Incienso suave

**Instrucciones**
1. Encienda ambas velas. Con las velas encendidas, medite sobre la belleza y las maravillas de vivir sin preocuparse por las deudas. Comience con la deuda que tiene la intención de liquidar en su totalidad. A partir de ahí, puede seguir con todas las deudas en su lista.
2. Cree una figura que se asemeje a una factura en un pedazo de papel. Anote el monto total de la factura y agregue cualquier otro detalle que haga que este pedazo de papel parezca una factura real.
3. Concéntrese durante un minuto más o menos para imaginar esa cantidad específica de dinero.
4. Tome un marcador rojo o un bolígrafo y utilícelo para escribir "PAGADO EN SU TOTALIDAD" en toda la factura. Todas las letras deben estar en mayúscula.
5. Queme la factura mientras y visualícese pagando el monto por completo.

**Hechizo de dinero en luna llena**

El poder de la luna llena puede aumentar la efectividad de los hechizos. Sin embargo, hay rituales específicos que debe realizar durante la luna llena para que sean más efectivos. Aproveche el poder lunar con este hechizo de dinero.

**Necesitará:**
- Agua
- Caldero
- Moneda de plata

**Instrucciones**
1. Durante la luna llena, específicamente por la noche, tome su caldero y llénelo con agua. Debe estar a medio llenar.
2. Ponga la moneda de plata dentro del caldero.

3. Después de eso, coloque el caldero de tal manera que la luz de la luna brille sobre el agua. Recite lo siguiente tres veces:

*"Encantadora y poderosa Señora de la Luna,*
*Deje que su riqueza fluya hacia mí muy pronto;*
*Oro y plata quiero que llenen mis manos,*
*Todo lo que pueda traerme*
*Mi bolsillo lo recibirá".*

4. Después de recitar, puede verter el agua en el suelo. Coloque la moneda de plata en su bolso o bolsillo para mantenerla cerca todo el tiempo.

# Capítulo 10: Encantamientos y hechizos de amor

Probablemente la razón más popular para aprender a crear hechizos es atraer el amor y el romance. Este último capítulo trata sobre esos hechizos. Por supuesto, casi todo el mundo quiere experimentar el amor. Es la sensación más positiva que puede experimentar y compartir.

Sin embargo, sabemos que hay ocasiones en que el amor y las relaciones se vuelven difíciles y desafiantes. Sobre todo si la persona con la que sueña no parece notarle. Si está atravesando problemas de amor, relaciones o romance, puede buscar la ayuda de estos hechizos de amor.

## Hechizo de atracción

Este hechizo de amor está destinado a atraer a la persona que ama y desea. Puede hacerlo fácilmente en casa. Además, no tiene como objetivo manipular la mente de la otra persona. Lo que hace es ayudarle a dejar una buena impresión en la persona que le gusta para que él/ella lo note.

**Necesitará:**
- 2 velas
- Un trozo papel blanco
- Un bolígrafo

**Instrucciones**

1. Siéntese en una habitación tranquila y apacible. Asegúrese de estar lo suficientemente tranquilo y cómodo. Concéntrese en su intención.
2. Intente deshacerse de todas las distracciones en su mente. El objetivo aquí es alcanzar la claridad mental para hacer que este hechizo funcione a su favor.
3. Una vez que su mente esté libre de distracciones, obtenga el papel y el bolígrafo para comenzar a escribir su intención.
4. Encienda las velas. Acerque el papel a la llama de las velas.
5. Mire la llama mientras recita las siguientes palabras tantas veces como sea posible:

    *"Que alguien especial me vea y me note hoy.*

    *Que sea bendecido hoy sin dañar a nadie en el camino".*
6. Lance las cenizas al viento. Nunca sople las velas al final del ritual. Déjelas consumirse solas.

Es aconsejable realizar este hechizo de atracción nueve veces. Es lo que se recomienda para lograr el resultado deseado.

## Hechizo de amor para hacer que un ex regrese

Si tiene un ex a quien todavía ama, puede usar este hechizo de amor. Al igual que el otro hechizo que hemos presentado, no causará daño a otra persona. No atraerá el mal karma.

Tenga en cuenta, sin embargo, que en lugar de obligar a su ex a amarlo de nuevo, este poderoso hechizo de amor tiene como objetivo eliminar la energía negativa y tóxica que puede causar la brecha entre ustedes. Además, esta magia puede hacerlo más atractivo que antes, lo que lo ayuda a atraer a su ex hacia usted.

**Necesitará:**

- 2 velones blancos
- Sahumerio de salvia
- 1 vela morada

**Instrucciones**

1. Medita unos minutos antes de comenzar. Esto debería ayudar a despejar su mente del estrés cotidiano.

2. Encienda una de las velas blancas mientras recita:
   *"Esta vela es mi ser divino".*
3. Sostenga la vela con ambas manos.
4. Encienda la otra vela mientras dice:
   *"Este es el yo divino de (indique el nombre de su examante)".*
5. Encienda la vela púrpura, y recite:
   *"Que recibamos guía para alcanzar nuestro mayor bien".*
6. Imagine la escena donde los dos disfrutan de un momento armonioso y feliz juntos. No debería tener ningún requisito para el apego.
7. Prepare el sahumerio de salvia y quémelo. Sople la salvia quemada sobre todas las velas.
8. Piense en los conflictos que han tenido en el pasado, luego recite lo siguiente en voz alta mientras haya humo:
   *"No hay mal que por bien no venga.*
   *Que así sea".*
9. Sople todas las velas encendidas.

Repita el ritual durante siete días consecutivos. Sin embargo, evite mostrar que desea desesperadamente que su ex vuelva a usted.

## Hechizo para atraer nuevo amor

Para este hechizo de amor y encanto, necesitará una lepidolita, un cristal lila capaz de llenar su corazón con la sensación expansiva y agradable de estar enamorado. Permitirse estar en sintonía con esta frecuencia puede ayudarlo a convertirse en un imán para ese sentimiento.

**Necesitará:**
- Cristal de lepidolita
- Luna llena o creciente

**Instrucciones**

1. Limpie el cristal de lepidolita. Puede hacer la limpieza sosteniendo el cristal bajo la luz de la luna llena o creciente o bajo la luz solar brillante.
2. Deje que el cristal se llene de luz durante uno o dos minutos.
3. Con la mano derecha, mantenga el cristal cerca de su corazón.

4. Respire y relájese. Permita que entre el sentimiento de alegría producido por conocer a alguien nuevo que deleita su corazón y corresponde a ese sentimiento.
5. Sea agradecido por el sentimiento y la condición de estar enamorado. Debería hacer como si ya fuera cien por ciento verdadero.
6. Mantenga el amuleto de amor cerca de su corazón cada vez que salga. En cualquier momento, usted conocerá a alguien nuevo que será su compañero.

## Hechizo de amor para encontrar pareja

¿Está buscando desesperadamente su pareja ideal? ¿Quiere encontrar al indicado? Entonces este hechizo de amor podría ser la solución definitiva.

**Necesitará:**
- Botella nueva de extracto de vainilla
- Papel
- 2 espinas de rosas
- 3 velas blancas

**Instrucciones**
1. Compre una botella de extracto de vainilla. Ábrala y quite la tapa.
2. Escriba su nombre en el papel, luego ponga las espinas de rosa encima.
3. Encienda las velas blancas. Luego, coloque las velas encendidas alrededor de la botella.
4. Enfoque su vista en la luz de las velas. Mientras haga eso, piense en su deseo de encontrar a su pareja. Recite lo siguiente:

   *"Rojo como la sangre,*
   *Aviven mi relación romántica,*
   *Tráiganme amor y romance pronto.*
   *Denme amor tan duradero como mi apellido.*
   *Cuando lo haga, encontraré a la persona adecuada".*

5. Desparrame unas gotas de extracto de vainilla en su habitación. Esto debería ayudar a sellar los hechizos de amor. Asegúrese de

tapar la botella de vainilla con fuerza, luego colóquela debajo de su cama.

## Hechizo de amor para hacer que su matrimonio dure

Este hechizo de amor está destinado a aquellos que ya están casados, pero quieren que su relación sea lo más duradera posible. Esto también debería ayudarlo a mantener el fuego y la pasión en su relación.

Puede contribuir a tener una vida matrimonial exitosa. Sería mejor lanzar este hechizo cuando haya luna llena. Póngalo en algún lugar, afuera o adentro, donde tenga la oportunidad de ver la luna. En caso de que esté nublado, elija otra noche.

**Necesitará:**

- Un anillo plateado: no tiene que ser de plata real
- Un pequeño plato blanco
- Una rosa blanca
- Algunas pizcas de damiana, cedrón y milenrama seca

**Instrucciones**

1. Un día antes de lanzar este hechizo de amor, ponga el anillo en un recipiente con las hierbas secas. Déjelo ahí por un día. Haga las partes restantes del hechizo cuando salga la luna llena.
2. En una posición de pie, frente a la luna. Sostenga el anillo hacia arriba, esto le permitirá ver la cara brillante de la luna a través de la parte central del anillo.
3. Recite las siguientes palabras en voz alta:

    *"Permítanme vivir el vínculo que genuinamente deseo.*
    *Mi amor por mi esposa nunca se cansará.*
    *A la luz de la luna llena*
    *Bendíganme con un matrimonio exitoso".*

4. Levante la rosa. De esa manera, puede cubrir la cara de la luna y luego repita los pasos. Deje caer el anillo por el tallo de la rosa. De esa manera, el anillo quedará sobre la base de la flor.
5. Deje a un lado la flor con el anillo y colóquelas en un tazón con hierbas. Recite por última vez:

6. Asegúrese de dejar todo en su lugar hasta la luna llena del próximo año. Sucederán cosas buenas después del hechizo.

## Hechizo de amor en tarro de miel

Este hechizo requiere muchos ingredientes, pero vale la pena, teniendo en cuenta su efectividad.

**Necesitará:**
- Frasco de miel
- Papel encerado
- Pinturas o bolígrafos para decorar el frasco
- Una vela rosa
- Algunas plantas y hierbas, como pimiento rojo, jazmín, vainilla, nuez moscada, hojas de laurel, albahaca, cardamomo, lavanda y canela.

**Instrucciones**

1. Use un poco de agua salada para limpiar el frasco de miel. Deje que se seque completamente.
2. Decore el frasco usando colores que representen el amor, como el rosa y el rojo. Dibuje y escriba cualquier palabra y símbolo que pueda asociarse al amor.
3. Escriba este canto de amor en papel:
   
   *"Con este poderoso hechizo, atraigo*
   *A la persona que es mi fe y mi destino.*
   *Con la ayuda de este hechizo*
   *Espero que llegue el amor adecuado para mí".*
4. Ponga el papel con su nombre dentro del frasco. Agregue las flores secas y las hierbas que preparó anteriormente.
5. Llene el frasco con miel.
6. Ponga la vela rosa sobre el frasco. Enciéndala.
7. Busque un lugar privado donde pueda hacer su hechizo y ritual de manera segura. Póngalo allí.
8. En caso de que desee recargar, simplemente ponga una velita flotante en su recipiente, y luego enciéndala.

# Consejos al lanzar hechizos de amor

Para obtener los mejores resultados, siga los siguientes consejos:

### Sea un verdadero creyente en la magia

Tenga en cuenta que si enfoca su energía en algo que lo ayude a crear un amor duradero, también es muy probable que su mente se llene de más amor. Crea en este tipo de magia, una magia basada en el espíritu y la fe. Mantenga su fe para poder presenciar los resultados deseados.

### Sea específico y de mente abierta

Una regla para los hechizos de amor es que debe evitar usar la magia como un medio para obligar a alguien a sentir algo que no es natural para ellos. Recuerde que el amor tiene que ser una elección todo el tiempo. No lo fuerce.

Al recitar invocaciones generales de amor, no use nombres. Concéntrese en los rasgos y cualidades que desea que tenga su pareja potencial.

### Entienda que la magia del amor también tiene limitaciones

Por ejemplo, ya sabe que nunca debe usar hechizos de amor y magia blanca para un propósito negativo. Además, evite usar magia negra para romper un matrimonio o cualquier otra cosa similar. Asegúrese de usar los hechizos solo con fines positivos.

### Conozca el momento perfecto para lanzar los hechizos de amor

Si usted se toma en serio estos hechizos, tiene que saber que existen momentos más propicios para realizarlos. Los hechizos de amor tienden a funcionar mejor si los lanza los viernes. La razón es que el viernes es el día de Venus. También puede hacerlo durante la luna nueva, ya que esta fase ayuda a hacer realidad las nuevas oportunidades.

# Conclusión

La hechicería y los rituales son definitivamente una de las cosas más satisfactorias que un practicante de magia y hechicería puede hacer. Tenga en cuenta que si aún es principiante, puede encontrar varias maneras de aprender y entender cómo ejecutar este arte de la magia artesanal. Lo único que necesita es el material de lectura y guía adecuados, uno que le enseñe los pasos para ser grande en el mundo de la magia y la hechicería.

Tenga en cuenta que todos los hechizos requieren algunos componentes diferentes para que funcionen de manera efectiva. También es importante que aprenda sobre todos los elementos y factores que pueden afectar en gran medida los resultados de los hechizos.

Con suerte, este libro lo habrá iluminado sobre cada detalle importante relacionado con la creación de hechizos. Use todo lo que ha aprendido de este libro, para considerarse un profesional experto en el campo de la brujería y la magia.

# Vea más libros escritos por Mari Silva

## Su regalo gratuito

¡Gracias por descargar este libro! Si desea aprender más acerca de varios temas de espiritualidad, entonces únase a la comunidad de Mari Silva y obtenga el MP3 de meditación guiada para despertar su tercer ojo. Este MP3 de meditación guiada está diseñado para abrir y fortalecer el tercer ojo para que pueda experimentar un estado superior de conciencia.

https://livetolearn.lpages.co/mari-silva-third-eye-meditation-mp3-spanish/

# Recursos

2spirits. (8 de octubre de 2022). *Hechizos de protección*. 2spirits.com. https://www.2spirits.com/protection-spell

*Conceptos básicos de la magia: limpieza y carga de herramientas* ritualistas. (16 de junio de 2017). Wicca Living. https://wiccaliving.com/clearing-charging-ritual-tools/

*Guía para principiantes para realizar magia con velas y correspondencias de colores.* (sin fecha). ForestofWisdom. Obtenido de https://forestofwisdom.com.au/blogs/into-the-forest/beginner-s-guide-to-spell-candle-magick-and-colour-correspondences

Beyer, C. (8 de mayo de 2011). *Los cinco elementos simbolizan el fuego, el agua, el aire, la tierra y el espíritu.* Aprende Religiones. https://www.learnreligions.com/elemental-symbols-4122788

Kelmenson, K. (11 de octubre de 2021). *El significado espiritual de las fases lunares.* Espiritualidad y salud. https://www.spiritualityhealth.com/the-spiritual-meaning-of-moon-phases

*Mabon House.* (sin fecha). Mabon House. Obtenido de https://www.mabonhouse.co/mabon

*Propiedades mágicas de los colores.* (23 de junio de 2017). Wicca Living. https://wiccaliving.com/magical-properties-colors/

Murphy-Hiscock, A. (2020). *Hechizos: Fortalece el poder de tu arte creando y lanzando tus propios hechizos únicos.* Simon & Schuster Audio.

*Plantas y hierbas utilizadas para la magia.* (sin fecha). Bluerelicsflowers.com. Obtenido de https://www.bluerelicsflowers.com/Plants-and-Herbs-Used-for-Magic

Samhain (Samain) - Las raíces celtas de Halloween. (sin fecha). Newgrange.com. Obtenido de https://www.newgrange.com/samhain.htm

Shade, P. (sin fecha). *El lado sobrenatural de las plantas - CornellBotanicGardens*. Cornellbotanicgardens.org. Obtenido de https://cornellbotanicgardens.org/the-supernatural-side-of-plants/

Stardust, L. (1 de marzo de 2021). *Cómo usar las ocho fases de la luna para vivir tu mejor vida* Oprah Daily. https://www.oprahdaily.com/life/a35684513/moon-phases-manifest-meaning-astrology/

Ward, K. (23 de diciembre de 2021). *Introducción de todo lo que necesitas saber sobre la magia con velas*. Cosmopolitan. https://www.cosmopolitan.com/lifestyle/a31133533/candle-magic-colors-meaning/

(sin fecha). Mit.edu. Obtenido de https://web.mit.edu/pipa/www/rede.html

(sin fecha). Theembroideredforest.com.

www.ingramcontent.com/pod-product-compliance
Lightning Source LLC
Chambersburg PA
CBHW051844160426
43209CB00006B/1146